ZUR LEHR

VON DER

RECHTSKRAFT.

DREI

RECHTSGUTACHTEN

VON

DR. A. WACH UND DR. P. LABAND.

LEIPZIG,
VERLAG VON DUNCKER & HUMBLOT.
1899.

Vorrede.

Die hiermit der Öffentlichkeit übergebenen Gutachten waren nicht für sie bestimmt. Die Publikation ist notwendig geworden durch das Erscheinen eines Gegengutachtens des Geh. Justizrats Professor Dr. Fischer im diesjährigen dritten Heft von Iherings Jahrbüchern (2. Folge, 4. Bd. S. 151—248). Dasselbe war im November 1898 als Erwiderung auf die an erster und letzter Stelle abgedruckten Gutachten zu den Akten gekommen. Angesichts kurz bevorstehender Verhandlung entstand die „Widerlegung“ (S. 31 fg.). Sie mufste bei knapp bemessener Zeit diktiert und auf die Angriffe Fischers zugespitzt werden. Für die Publikation wäre sie anders geschrieben worden. Nachdem aber unser Herr Gegner unseres Widerspruchs unerachtet seine Arbeit, und zwar wesentlich verändert, veröffentlicht und dadurch unsere theoretischen Ausführungen in seiner referierenden und polemisierenden Weise in die Litteratur eingeführt hat, ist es für uns unerläfslich geworden, die originalen Gutachten — wie sich von selbst versteht und von dem Herrn Beklagten ausdrücklich gefordert worden ist: — unverändert der Gelehrtenwelt zu unterbreiten.

Fischer bezeichnet mit A^1 und A^2 das erste und zweite, mit B das dritte Gutachten. Er hat nicht nur, wie die Note 1 S. 157 anzudeuten scheint, „entbehrliche Polemik“ gestrichen, oder seine Ausführungen ergänzt, sondern sie sachlich in wichtigen Stücken geändert (vgl. unten S. 43).

Wo der vorliegende Text vom Original abweicht, sind Auslassungen durch Striche, Zusätze durch eckige Klammern markiert. Jene beschränken sich auf Persönliches, diese auf nebensächliche Wortverbesserung oder geringfügige Vervollständigung. Die Noten, wie die Nachträge S. 100 fg. sind neu. Mit F[2] werden die Jahrbücher zitiert.

Die das französische Recht behandelnde Partie (S. 51 fg.) ist unter wesentlicher, höchst dankenswerter Mitarbeit des Herrn Dr. A. Mendelssohn Bartholdy entstanden.

Leipzig, Strafsburg, den 10. Mai 1899.

Inhaltsverzeichnis.

Rechtsgutachten

in Sachen der Bergwerksgesellschaft

Georg von Giesche's Erben

in Breslau

wider den

Grafen Franz Hubert von Tiele-Winckler

auf Miechowitz.

Von

Dr. Adolf Wach.

Beim Landgericht Beuthen OS. ist Klage erhoben seitens der Bergwerksgesellschaft Georg von Giesche's Erben in Breslau gegen den Grafen Franz Hubert von Tiele-Winckler auf Miechowitz. Die klagende Gesellschaft beantragt ein Urteil des Inhalts:

der Beklagte ist schuldig, anzuerkennen, dafs ihm als Eigentümer der Herrschaft Myslowitz-Kattowitz gegenüber der Klägerin bezüglich ihrer in der Gemarkung Zalenze belegenen Steinkohlengrube „Zur Gottes Gnade" ein privates Bergregal nicht zusteht, der Beklagte auch schuldig, sich der Erhebung des Zehnten und der übrigen Abgaben von der Steinkohlengrube „Zur Gnade Gottes" zu enthalten u. s. w.

Abgesehen von dem Versuch eines historischen Beweises dafür, dafs das bestrittene Privatbergregal nicht bestehe, führt die Klage an: es habe das beigebrachte Material den Gerichtshöfen in den Processen der Wincklerschen Eheleute und des Bergfiskus über das Regalrecht nicht vollständig und nicht im Zusammenhang vorgelegen. Die Urteile in jenem Processe wirkten nur unter den damaligen Parteien. Das sei anerkannten Rechtens. Der Bergfiskus habe nur sich und nicht die dritten Interessenten vertreten. Die jetzige Streitsache sei eine andere als die damalige. Es handele sich jetzt um die Existenz des Privatbergregals und Zehntrechts gegenüber der Klägerin.

Es wird seitens des Beklagten eine gutachtliche Äufserung darüber gewünscht:

ob die Rechtskraft der in den erwähnten Processen ergangenen rechtskräftigen Urteile und zwar

1. des Urteils des Obertribunals vom 28. Februar 1850 Sachen des Rittergutsbesitzers Franz von Winckler und seiner Ehefrau Marie geb. Domes Kläger wider den Königlichen Bergfiskus
2. des Urteils des Obertribunals vom 9. September 1861 Sachen der Frau von Tiele-Winckler Klägerin wider den Königlichen Bergfiskus

nur zwischen den Parteien wirke oder ob die in ihnen enthaltene rechtskräftige Feststellung des Privatbergregals der Rechtsvorgänger des jetzigen Beklagten auch der gegenwärtigen Klägerin, wie überhaupt allen bezirkseingesessenen Bergbautreibenden gegenüber unantastbar und rechtswirksam sei.

I.

Die vorliegende Frage untersteht Preufsischem Recht. Die Rechtskraft beurteilt sich nach der Zeit ihrer Entstehung. Aber das Preufsische Recht enthält keine Entscheidung. Auch in der gesamten Judikatur des Preufsischen Obertribunals ist nicht ein Urteil erfindlich, welches als Präjudikat unmittelbar verwendbar wäre.

Für die Untersuchung der Frage ist es bedeutungslos, ob das „historische" Material dem entscheidenden Gericht vollständig und im vollen Zusammenhange vorgelegen hat; ebenso, ob jene Urteile richtig oder unrichtig sind. Res iudicata ius facit. Die Rechtskraft ruht in dem Urteil selbst, in der autoritativen Rechtsanwendung, welche sich als Akt der Staatsgewalt mit dem dem Procefs immanenten Zweck der endgültigen Entscheidung vollzieht. Hieraus folgt bereits die regelmäfsige Beschränkung der Rechtskraft auf die Streitteile: res iudicata ius facit inter partes. Sie sind es, die das Urteil suchen, die durch ihre Procefsthätigkeit die Urteilsgrundlage beschaffen und den Ausgang des Rechtsstreits beeinflussen; für sie ist das Urteil bestimmt. So notwendig die Rechtskraft ist, so naturgemäfs ist demnach diese ihre subjective Beschränkung. Aber die Regel kann nicht dahin lauten: die Rechtskraft gilt nur zwischen den Parteien; vielmehr mufs sie sich naturgemäfs erheblich weiter erstrecken. Darüber ist kein Streit und kann auch für Preufsen angesichts der A.G.O. Tl. I Einl. § 66 kein Streit sein, dafs sie die Rechtsnachfolger ergreift („seines Gegners und derjenigen, welche an seine Stelle treten"), und zwar ebenso sehr die Singularsuccessoren, wie die Universalsuccessoren. Und auch darüber ist kein Streit und kann kein Streit sein, dafs überall da, wo ein wahrhaftes Repräsentationsverhältnis vorliegt, das im Procefs des Repräsentanten ergehende Urteil Rechtskraft schafft gegenüber dem Repräsentaten. Fraglich bleibt 1. ob, wie Savigny annimmt, der Gesichtspunkt der Repräsentation der alleinige ist, welcher eine Erweiterung des subjektiven Umfangs der Rechtskraft motiviert — und 2. ob der gegenwärtige Fall von ihm betroffen wird.

— — — — Es genügt auf den später noch ausführlicher zu behandelnden Fall der das Erbrecht feststellenden Urteile zu verweisen, um die Unhaltbarkeit des generellen Repräsentationsgesichtspunktes zu erkennen. Dem im Erbrechtsstreit siegenden Teil gegenüber können sich Legatare und Gläubiger auf die Rechtskraft berufen [Dernburg, Lehrbuch des Preufsischen Privatrechts I § 138 Nr. 3; III § 145; § 230 Nr. 7]. Es wird aber schwerlich behauptet werden können, dafs der prozessierende Erbe das Interesse seiner Gläubiger vertrete und dieses zu wahren habe. Zwar hat J. Binder in seinem Werk: Die subjectiven Grenzen der Rechtskraft, Leipzig 1895 S. 72 fg. hier von gesetzlicher Vertretung sprechen wollen; aber seine eigenen Erklärungsversuche der Extension der Rechtskraft widerlegen ihn. Er sagt mit Recht: „Der Erbe, der das Testament anerkennt, um Erbe zu sein, kann nicht das Testament und damit implicite das Erbrecht bestreiten, um von den Legaten frei zu werden" — unter Berufung auf l. 50 § 1 de leg. I°: „nec enim tam improbe causari potest secundum se iudicatum per gratiam, respondebit igitur et legatariis ut creditoribus;" — und an anderer Stelle (S. 73): „der Unterlegene (sc. Erbe) kann sagen, wenn ich die Erbschaft nicht habe, brauche ich auch die Erbschaftsschulden nicht zu zahlen." In der That: eine wunderbare Repräsentation, welche nicht das Verhältnis des Repräsentanten gegenüber Dritten, sondern ihm selbst gegenüber zum Gegenstande hat. Es wird sich denn auch bei näherem Zusehen zeigen, dafs neben dem Vertretungsgedanken ganz andere Motive für die subjektive Begrenzung der Rechtskraft bestimmend sind.

— — — — —

Aber noch auf einen Punkt principieller Bedeutung mufs gegenüber [gegnerischen] Ausführungen gleich jetzt hingewiesen werden. Dernburg nimmt an, dafs das in der Allg. G.O. I Einl. § 66 formulierte Prinzip „in nicht wenigen Fällen" durch „Ausnahmen" durchbrochen werden müsse. So hat er es in seinem Lehrbuch des Preufsischen Privatrechts entwickelt und diese Ausnahmen werden, bei Licht besehen, aus der Natur der Sache kraft juristischer Konsequenz abgeleitet. Die Berufung auf „gemeines Recht" kann gerechtfertigt werden nur durch die Erkenntnis, dafs in ihm das Prinzip der Rechtskraft eine folgerichtige und deshalb Gemeingültigkeit beanspruchende Durchbildung erfahren habe. Denn dafs das gemeine Recht nicht neben dem Preufsischen Landrecht subsidiäre Geltung hat, steht fest. Daher ist die Frage offen, zu welchen Konsequenzen dieses Prinzip bei exakter Untersuchung führen wird. — — — — — Nur so viel mufs zugegeben werden, dafs derjenige, welcher die Ausdehnung der Rechtskraft auf Dritte behauptet, sie nachzuweisen hat.

Dieser Nachweis bildet den Inhalt des Folgenden.

II.

Der zur Beurteilung stehende Fall ist folgendermafsen gelagert. Es sind die Urteile zwischen dem Fiskus und den Eigentümern von Myslowitz-Kattowitz ergangen zu einer Zeit, in welcher dem Staat das Bergregal ungeschmälert zustand. Dafs diese Urteile solche Personen, welche sich selbst im betreffenden Bezirk das Privatregal zuschreiben, oder solche, welche kraft Privilegs oder sonstigen individuellen Titels dem Regal nicht unterworfen zu sein behaupten, nicht binden können, ist aufser jedem Zweifel. Um solche Personen aber handelt es sich nicht. Vielmehr steht allein in Frage die Wirkung der Urteile gegenüber Bergeigentümern im Regalbezirk, welche keinerlei derartige Exemtion behaupten. Der Angriff in der Klage kulminiert lediglich in der Behauptung, dafs das Privatregalrecht des Beklagten nicht bestehe. Die Frage ist also, ob die rechtskräftige Feststellung, welche zwischen dem Fiskus und den Rechtsvorgängern des Beklagten deren Privatregalrecht anerkannte, auch den Bergwerkseigentümern im Regalbezirk gegenüber das Subjekt des Regals bindend feststelle — und das ohne Rücksicht darauf 1. ob die betreffenden Bergbau-Treibenden ihr Bergeigentum vom Fiskus oder vom Privatregalherrn ableiten, d. h. ob die Verleihungen von diesem oder jenem herrührten, und 2. ob die jetzigen Bergeigner ihr Recht unmittelbar vom Regalherrn oder als Successoren anderer Bergeigentümer, insbesondere von den Rechtsvorgängern des Beklagten erworben haben. Dabei ist im Auge zu behalten, dafs die Einschränkungen des staatlichen Regalrechts durch die neuere Gesetzgebung (Ges. vom 14. Juli 1893 § 2 betr. die Aufhebung direkter Staatssteuern) das Privatbergregal nicht alteriert, dafs also, wenn es gemäfs jenen

Urteilen bestand, es unverändert fortbesteht und aus dieser veränderten Gesetzgebung kein Grund entnommen werden kann, um die etwa vorhanden gewesene Bindung durch die rechtskräftige Anerkennung des Privatregals nachträglich zu bestreiten.

III.

Man scheidet formelle und materielle Rechtskraft: die Unanfechtbarkeit und Unabänderlichkeit des Urteils und die bindende Kraft seines Inhalts. Jene kann naturgemäfs nur für die Parteien und ihre Gehülfen im Prozefs (Intervenienten) bestehen. Diese läfst sich auch Dritten gegenüber denken. — Sie ist die autoritative normierende Gesetzesanwendung. — Sie ist an sich nicht Vollstreckbarkeit. Diese kann ohne Rechtskraft, wie die Rechtskraft ohne Vollstreckbarkeit sein. Von ihr ist zunächst nicht die Rede.

Die Rechtskraft für und gegen Dritte — nicht am Prozesse weder als Parteien, Streitgenossen, noch als Nebenintervenienten Beteiligte — wird ihren Grund nur in besonderen Umständen finden können, welche es als unzulässig erscheinen lassen, dafs der Dritte bestreitet oder ihm gegenüber bestritten wird, was im fremden Prozefs Inhalt der Urteilsfeststellung war. Denn, wie schon betont, ist an und für sich nicht einzusehen, wie für C mafsgebend sein soll, was im Streit zwischen A und B entschieden wurde. Und das auch dann nicht, wenn dabei Widersprüche und vielleicht praktische Unzuträglichkeiten herauskommen. Ist eine Forderung, sei es zufolge Erbganges oder aus anderweitem Grunde unter mehrere geteilt, so wird möglicherweise im Prozesse des einen Teil-Gläubigers der Schuldner unterliegen, im Prozesse des andern siegen. Wenn A dem B gegenüber sein Eigentum siegreich durchgesetzt hat, so folgt daraus nicht, dafs er als Vindikant dem C gegenüber sich auf die rechtskräftige Feststellung berufen könne; vielmehr kann es sein, dafs er als

Nicht-Eigentümer im zweiten Prozefs unterliegt. So kann ja auch „inter easdem personas“ in verschiedenen Prozessen z. B. über Teilansprüche widersprechend entschieden werden.

Will man über die wirkliche subjektive Ausdehnung der Rechtskraft ins Klare kommen, so ist auszugehen von der selbstverständlichen von jedermann anzuerkennenden Existenz der rechtskräftigen Entscheidung „inter partes“. Das ist eine im Urteil selbst verkörperte, für niemand läugenbare Thatsache. Soweit also der Urteils-Inhalt ein Rechtsverhältnis inter partes feststellt oder verneint, kann niemand bestreiten, dafs es zwischen den Parteien kraft dieses Urteils bestehe oder nicht bestehe. In diesem Sinne kommt jedem Urteil als selbständiger Causa des fraglichen Verhältnisses der Streitteile untereinander in gewissem Sinne eine konstitutive und in seiner negativen Richtung (soweit es nämlich das Rechtsverhältnis verneint) eine vernichtende Kraft zu. Das ist es, was Eccius in dem [von der gegnerischen Seite] angeführten Satz (Theorie und Praxis des heutigen gemeinen preufsischen Privatrechts, Bd. I S. 299) mit den Worten bezeichnet:

> „Der Rechtszustand, welcher durch ein Urteil nach gesetzlicher Vorschrift geschaffen wird, ist nicht nur von den Parteien des Prozesses, sondern als ein zwischen diesen begründeter Rechtszustand von jedermann anzuerkennen.“

Es ist ohne weiteres klar, dafs ein Urteil, welches dem Kläger einen Anspruch gegen den Beklagten rechtskräftig zuerkennt oder aberkennt, ein Rechtsverhältnis zwischen beiden bejaht oder verneint, jedem gegenüber die absolute Bedeutung haben mufs, dafs die fragliche Rechts-Beziehung zwischen jenen Parteien nunmehr existiert bezw. nicht existiert. Wenn A dem B gegenüber als Gläubiger anerkannt ist, hat er die festgestellte Forderung, kann sie vollstrecken lassen und in B's Konkurs geltend machen, ohne dafs ein Dritter (— von

Anfechtungsmöglichkeiten abgesehen —) sie beanstanden könnte. Ist sie ihm aberkannt, so ist sie nicht in rerum natura. Ist zwischen A und B ein Mietverhältnis verneint, so existiert es schlechthin nicht; denn existieren kann es als dieses individuelle nur zwischen A und B, und keine Macht der Welt vermag etwas an seiner Negation zu ändern.

So ist denn auch aufser jedem Zweifel, dafs die rechtskräftige Feststellung des Privatregals gegenüber dem Fiskus als solche — inter partes geschehen — von niemand bestritten werden kann, m. a. W., dafs jedermann zugeben mufs: dem Staate gegenüber ist der Herr von Myslowitz-Kattowitz Privatregalherr.

Aber was folgt daraus?

Jedenfalls das eine, dafs soweit nicht besondere berechtigte Interessen entgegenstehen, niemand in beachtlicher Weise behaupten kann, es sei Graf von Tiele-Winckler nicht Privatregalherr; andererseits folgt keineswegs das, was man Rechtskraft gegenüber Dritten nennt. Denn 1. ist der Rechtszustand erst im rechtskräftigen Urteil gegeben; die deklaratorische Kraft, welche gleichbedeutend ist mit der Anerkennung des schon bestehenden Rechtsverhältnisses kommt für die Vergangenheit Dritten gegenüber nicht zur Geltung, und 2. präjudiziert das Urteil fremden Rechten nicht, normiert es als solches eben nur „inter partes“. Beispiele illustrieren. Das abgesprochene Recht kann nicht Gegenstand der Veräufserung, der Belastung u. s. w. sein; derjenige, dem das Eigentum oder das Forderungsrecht rechtskräftig verneint worden, kann nicht wirksam verpfänden. Hat er vor dem Prozefs verpfändet oder ist vor demselben gepfändet, so berührt das Urteil die etwa schon entstandenen Rechte nicht. Der Pfandgläubiger braucht sich die Berufung auf die Res iudicata nicht gefallen zu lassen. — Ist der Eigentumskläger siegreich gewesen, so gilt er zwar dem unterlegenen Teil gegenüber als Eigentümer, aber deshalb noch nicht gegenüber Dritten. Denn sein Verhältnis zur Sache konnte im Prozesse immer nur relativ, mit Beziehung auf seinen Gegner, Gegenstand des Rechtsschutzes und demnach der Entscheidung sein.

An und für sich folgt also auch aus der von niemand fortzuleugnenden rechtskräftigen Feststellung des Privatregals gegenüber dem Fiskus noch nicht, dafs dieselbe Dritte mit mafsgebendem Einflufs für ihre eigenen Rechtsverhältnisse binde. Schon oben wurde bemerkt, dafs von solcher Wirkung nicht die Rede sein könnte zum Nachteil dessen, der selbst Privatregal-Prätendent im beregten Bezirk ist; ob zum Nachteil dessen, der vor dem Urteil Bergeigentum vom Fiskus erwarb, wird später besprochen werden.

Es bedarf besonderer rechtfertigender Gründe für die Erweiterung der Rechtskraft.

IV.

Als solche Gründe lassen sich denken das schon erwähnte Successionsverhältnis, das Repräsentationsverhältnis, die s. g. konstitutive Kraft des Urteils oder das in ihm liegende rechtsgeschäftliche Element, die durch die Natur des Rechtsverhältnisses bedingte Unmöglichkeit zwiespältiger Entscheidung, endlich das Abhängigkeitsverhältnis.

Ich werde im folgenden zunächst das Successionsverhältnis und seine Bedeutung für die zu begutachtende Frage, dann die übrigen Motive erweiterter Rechtskraft behandeln und ihre etwaige Anwendbarkeit auf den vorliegenden Fall erörtern.

Das Successionsverhältnis bedeutet hier den Eintritt in ein rechtskräftig festgestelltes Rechtsverhältnis oder sonstigen derivativen Erwerb auf Grund desselben. Est ist Universal- oder Singularsuccession. Die bindende Kraft des Urteils für und gegen den Successor ist im Gesetz anerkannt und selbstverständlich. Für den vorliegenden Fall folgt aus ihr, dass Bergeigner, welche ihr Bergbaurecht von den Rechtsvorgängern des Beklagten als Regalherrn ableiten, nicht in der Lage sind, das Privatregal zu bestreiten. Man hat, um das klar zu erkennen, sich auf den Standpunkt vor dem Gesetz vom 14. Juli 1893 zu stellen, damit nicht wirtschaftliche Erwägungen die rechtliche Beurteilung durchkreuzen und trüben. Es ist unbestreitbar, dafs, wenn der Fiskus als Vindikant gegen solche Bergeigner, welchen das Recht vom Privatregalherrn verliehen worden, vorgegangen wäre oder von ihnen den Bergzehnten bez. -Zwanzigsten beansprucht hätte, sie ihm vollwirksam die Res iudicata hätten entgegenhalten können. Ebenso aber würde der jetzige Beklagte gegenüber Verleihungen, welche der Fiskus sich innerhalb des Privatbergregalbezirks angemafst hätte, die Vindikation mit der Berufung auf die Res iudicata haben, falls der beklagte angebliche Bergeigner das Privatregal leugnen wollte. Eine Intervention des Fiskus zu Gunsten des von ihm Beliehenen würde an der Rechtskraft scheitern. — Daraus folgt, dafs der Regalherr auch den von ihm beliehenen Bergeigentümern gegenüber sich mufs auf die Rechtskraft berufen können.

Zunächst freilich scheint es, als ob dieses Verhältnis sich selbständig bestimme nach den Successionsvorgängen, den in ihnen liegenden Dispositionen. In der That aber ist dem nicht so. Gewifs kann an und für sich dem durch ein oneroses Successionsgeschäft Gebundenen nicht versagt sein, dieses Geschäft selbst z. B. wegen Irrtums anzufechten. So wird der Licenzträger dem Patentinhaber oder Autorberechtigten gegenüber den Licenzvertrag angreifen können (mit negativer Feststellungsklage) auf Grund der Behauptung, dass er im Irrtum über die Existenz oder Rechtsgültigkeit des Patentes oder Autorrechtes kontrahiert habe. Warum sollte nicht der vom Privatregalherrn Beliehene das Privatregal angreifen dürfen, um von seinen Pflichten frei zu werden? So unbedenklich das im Allgemeinen zuzugeben ist, so gewifs scheitert solcher Versuch, wenn bereits das Privatregal rechtskräftig festgestellt ist. Der Licenzträger kämpft für die Freiheit der Produktion, des Vertriebs und dergl., oder weil er von einem anderen Prätendenten in Anspruch genommen wird. Der Bergeigentümer ist im vorliegenden Fall nur vor die Alternative gestellt, den Fiskus oder den jetzigen Beklagten als seinen Regalherrn anzunehmen. Das Urteil, welches zwischen diesen beiden Recht schaffte, schafft insoweit auch ihm gegenüber, der vom Beklagten sein Recht ableitet, schon um dieses Successionsverhältnisses willen Recht. Man drehe nur als Probe auf das Exempel die augenblickliche Prozefslage um und denke den Beklagten als Feststellungskläger. Wenn ihm gegenüber die durch ihn selbst beliehenen Bergwerkseigner das Privatregal leugnen und damit (denn das Leugnen muss hier ein substantiiertes sein) zugleich behaupten würden, dass der Fiskus das Regal habe, so würde ihnen entgegnet werden: ihr seid von mir als dem Fiskus gegenüber rechtskräftig anerkannten Regalherrn beliehen. Man denke: A würde B gegenüber erstreiten, dafs er und nicht B die Forderung gegen X habe; nachher würde A dem C die Forderung abtreten, dieser aber im Prozefs behaupten, nicht A sondern B sei der Gläubiger, ihm also ein Nichts abgetreten worden. Würde nicht die Res iudicata ihn zurückschlagen?

Soviel ich sehe, werden von diesen Erwägungen betroffen die im konsolidierten Gieseschen Steinkohlenbergwerke bei Schoppinitz aufgegangenen Einzelbergwerke Teichmannshoffnung, Wildensteinssegen und Giesche, ferner das Soolquellenbergwerk Betti bei Rosdzin, das Steinkohlenbergwerk konsolidierte Arcona bei Kattowitz (Arcona und Kleine-Franziska).

V.

Das Repräsentationsverhältnis spielt in der Erweiterung der subjektiven Grenzen der Rechtskraft eine grofse Rolle. Dabei ist nicht gedacht an wirkliche Stellvertretung, sondern an ein Verhältnis, welches, wie oben bemerkt, die Wahrung fremder Interessen mit notwendiger Rechtswirkung für diese mit sich bringt, sei es nach positivem Gesetz, sei es nach unabweisbarer logischer Konsequenz.

Hierher gehört z. B. die Vorschrift der Reichscivilprozefsordnung § 236 [325]: der Satz, dafs der Successor, welcher das streitige Recht oder die streitige Sache erwirbt, durch das gegen seinen Auktor ergehende Urteil gebunden wird. So kraft positiver Vorschrift, welche nicht will, dafs die Rechtsnachfolge Einfluss auf den Prozess übe. Ihm wird in seinem Auktor ein Vertreter seiner Interessen — um einmal bei dieser Wendung stehen zu bleiben — oktroyiert.

Ähnlich ist es im Fall der s. g. Laudatio auctoris, (RCPO § 73 [76]). Hier wirkt das Urteil für und wider den in den Prozefs eintretenden Auktor auch für und wider den Detentor nomine alieno. Warum?

Weil jener mit dem Willen des beklagten Besitzers die Parteirolle übernimmt und diese prozessuale Situation es mit sich bringt, dass dadurch zugleich dem aus dem Prozefs Ausscheidenden gegenüber Rechtskraft entstehen mufs. Der Gedanke ist verwandt dem Motiv für die Ausdehnung der Rechtskraft in der viel erörterten 1. 63 D. de re judicata.

Zweifellos ist das Repräsentationsverhältnis mafsgebend für die Anwendbarkeit der Exceptio rei iudicatae in dem Fall, wenn gegen den anfechtenden Konkursverwalter rechtskräftig entschieden ist und der (Konkurs-)Gläubiger die Anfechtungsklage anstellt:

> Bolze, die Praxis des Reichsgerichts, Bd. VII Nr. 1160;

und ebenso die Berufung auf das Judikat, wenn nach positiver oder negativer rechtskräftiger Feststellung der Gläubigerforderung im Konkurs der offenen Handelsgesellschaft die festgestellte Forderung im Konkurs des Gesellschafters angemeldet wird.

Bolze, a. a. O. XVI Nr. 501.

Der Repräsentationsgedanke bestimmt u. a. die Wirkung der Prozesse der Vasallen für und wider den Lehnsherrn und Lehnsanwärter (II. lib. Feud. XXVI § 23; II. lib. Feud. XLIII; A. L. R. I. 18 § 258; vgl. Reichsgericht in Bolze a. a. O. XIV Nr. 611[d]). Auch die Novelle zur C.P.O. § 293[e] [§ 327] gehört hierher: „ein Urteil, das zwischen einem Testamentsvollstrecker und einem Dritten über ein der Verwaltung des Testamentsvollstreckers unterliegendes Recht ergeht, wirkt für und gegen den Erben. Das Gleiche gilt von einem Urteil, das zwischen einem Testamentsvollstrecker und einem Dritten über einen gegen den Nachlafs gerichteten Anspruch ergeht, wenn der Testamentsvollstrecker zur Führung des Rechtsstreits berechtigt war." —

Dagegen mufs mit Entschiedenheit abgelehnt werden der Versuch, den Savigny, Dernburg u. a. gemacht haben, aus dem Repräsentationsverhältnis die subjektive erweiterte Rechtskraft in Status- und Eheprozessen und in Erbrechtsstreitigkeiten nach Mafsgabe des gemeinen Rechts zu erklären. Schon oben sprach ich davon. Hier kommen andere und sehr verschiedene Motive in Frage.

In erster Linie die s. g. konstitutive Kraft des Urteils. Ich betonte bereits, dass man darunter nicht die selbstverständliche jeder Res iudicata zukommende Bedeutung als der das Verhältnis der Streitteile bestimmenden Norm, als eines selbständigen Verpflichtungs- oder Erlöschungsgrundes inter partes verstehen darf. Unter der konstitutiven Kraft des Urteils hat man, wenn sie überhaupt Anspruch auf selbständige Bedeutung haben soll, zu begreifen eine rechtsschöpferische Wirkung, welche als Thatsache, wie jede Thatsache von allen, also auch von dritten Interessenten anerkannt werden mufs.

Mit Unrecht legt man generell der Rechtskraft das Motiv der Disposition der Parteien unter und trägt damit sie in das konstitutive Element in einer übertriebenen Weise hinein. Wenn Eccius a. a. O. sagt:

> „Der Feststellung eines Rechtsverhältnisses oder Nichtbestehen eines solchen durch ein Urteil werden — dritte Personen dieselbe Einwirkung auf ihre eigene Rechtsstellung einräumen müssen, die ein die Feststellung oder Aufhebung bezweckender Vertrag der Parteien haben würde,“

so darf [man] diesen Gedanken als keineswegs [ausreichend] klar bezeichnen. Gewifs ist die Parallelisierung von Urteil und Rechtsgeschäft — eine Anschauung die u. a. durch Endemanns Schrift „über das Prinzip der Rechtskraft, 1860“ hindurchgeht — unhaltbar. Sie ist es aus mehrfachen Gründen. Seiner Tendenz nach soll das Urteil Recht sprechen, vorhandenes Rechtsverhältnis feststellen. Seine Verbindungskraft entnimmt es keineswegs dem Willen der Parteien — einem Kontrakt oder Quasikontrakt —. Die Grenzen derselben decken sich durchaus nicht mit den Grenzen der Dispositionsbefugnis der Parteien. Das wird deutlich, wenn man an familienrechtliche Verhältnisse denkt, die nicht willkürlich geändert werden können und die auch in der prozessualischen Durchführung nach Kräften der Verhandlungsmaxime entzogen werden. Andererseits liegt in den Worten von Eccius etwas Richtiges. Schon oben führte ich aus, dafs das Urteil selbständiger Kausalvorgang für die Regelung der rechtlichen Verhältnisse der Parteien ist. In dieser seiner Eigenschaft wird es allerdings von dem Augenblick der Rechtskraft ab insoweit allgemein wirksam, als überhaupt die Parteien rechtsgeschäftlich auf die Verhältnisse Dritter zu wirken vermögen. Das ist logisch ganz unabweisbar. Denn ob der Effekt der Normierung der Parteiverhältnisse dem Willen des Kontrahenten oder dem Urteil entspringt, ist für seine Existenz und sein Weiterwirken gleichgültig. Von wahrhaft konstitutiver Kraft des Urteils läfst sich, wie angedeutet, nur dann reden, wenn es seinem Inhalt und Zwecke nach neuen Rechtszustand schafft. So liegt es bei Urteilen, welche Rechtsgeschäfte reszindieren, eine Ehe scheiden oder für nichtig oder ungültig erklären. Das Scheidungsurteil löst die gültige Ehe, das Nichtigkeits- oder Ungültigkeitsurteil vernichtet die formell rechtsbeständige, jeden anderweiten Eheschluss derselben Personen einstweilen ausschliefsende Ehe. Ähnlich ist es bei Teilungs- und Auseinandersetzungsstreitigkeiten und in zahlreichen anderen Fällen.

Vgl. Kipp, Die Verurteilung für Abgabe von Willenserklärungen, Kiel und Leipzig 1892 S. 56 fg.

Hier möchte ich innehalten, um die Nutzanwendung für die vorliegende Sachlage zu ziehen. Der Vertretungsgedanke ist — — — — für dieselbe wertlos. Weder der Fiskus noch der Rechtsvorgänger des Beklagten haben in den Vorprozessen die Bergwerkseigner vertreten, — wenigstens ist kein Grund erfindlich dafür, dafs jener oder dieser die Interessen der Bergbautreibenden zu wahren befugt gewesen wäre. Ob ihre Beiladung oder Intervention möglich war, darf auf sich beruhen.

„Konstitutiv“ waren die Urteile in jenen Prozessen nicht, da sie grundsätzlich den Rechtsbestand anerkennen, nicht Rechte geben, sondern nur vorhandene Rechte feststellen. Sie sind nicht Verleihungsakte und nicht nach dem Mafse der Zulässigkeit solcher zu bestimmen. Wären sie konstitutiv, so würden sie jedem, auch dem selbständigen Prätendenten gegenüber wirken. Davon kann keine Rede sein. Wohl aber könnte sich als fruchtbar erweisen die in den Grenzen der Dispositionsbefugnis rechtsnormierende Urteilskraft Dritten gegenüber. Denn so weit der Fiskus rechtsgeschäftlich zur

Zeit des Urteils die Rechtslage zu Gunsten des Privatregals ändern konnte, mufs zweifellos solche Verschiebung angenommen werden. Indessen wird es sich empfehlen, diesen Punkt hier nicht weiter zu verfolgen, vielmehr in anderem Gedankengang noch einmal und abschliefsend auf ihn zurückzukommen.

VI.

Es sind nämlich noch andere und weitgreifende Momente zu erwägen, wenn die Rechtskraftsgrenze bestimmt werden soll. Ich nannte die logische Notwendigkeit einheitlicher Feststellung und das Abhängigkeits- oder Bedingungsverhältnis. Es wird nachzuweisen sein, dafs beiden Gedanken die behauptete Bedeutung zukommt. Dabei handelt es sich viel mehr um die Klarlegung der begrifflichen Kategorieen, um ihre innere Notwendigkeit, als gerade darum, darzuthun, dafs dieselben in den zu besprechenden Erscheinungsformen dem Preufsischen Recht zur relevanten Zeit angehörten.

1. Nach der — vielfach mifsverstandenen — Konkursordnung des Reichs § 135 wirkt das Urteil, durch welches der Feststellungskläger im Konkurs abgewiesen wird, Rechtskraft zu Gunsten aller Konkursgläubiger, sowohl der nicht widersprechenden, wie der widersprechenden, aber nicht mit verklagten Gläubiger, ja auch des Kridars. Weshalb? Weil es logisch unmöglich ist, dafs der Gläubiger dem einen gegenüber an der Masse partizipiere, dagegen dem anderen gegenüber ausgeschlossen sei. — Umgekehrt kann die Rechtskraft des die Forderung bejahenden Urteils nur inter partes, nicht gegenüber den anderen widersprechenden Gläubigern, wirken; denn nur dann kann der Gläubiger an der Masse Teil haben, wenn er alle Widersprechenden besiegt.

Vgl. mein Handbuch des Deutschen Civilprozefsrechts Bd. I. S. 624.

Vgl. auch Petersen-Kleinfeller, Konkursordnung, 3. Aufl. § 135, v. Wilmowski, Deutsche Reichs-Konkursordnung, 5. Aufl. § 133 S. 393, 395.

Hier ist keinerle i Repräsentation in Frage, wie Dernburg in seinem Lehrbuch I § 138 Note 8, Binder a. a. O. S. 45 fg. annehmen, sondern allein die zwingende Logik des Rechtsverhältnisses. So doch auch Binder a. a. O. S. 46 verba: „weil nur eine einheitliche Feststellung allen gegenüber logisch möglich ist". Wäre jene, die Repräsentation, entscheidend, so müfste die Rechtskraft nicht nur für, sondern auch gegen die Mitgläubiger wirken.

Als ein anderer paradigmatischer Fall darf der des Prädialservitutenstreites gelten. Hier bringt die Unteilbarkeit des Gegenstandes es mit sich, dafs das dem servitutberechtigten Condominus günstige Urteil allen seinen Mitberechtigten zu Gute kommt, während das Umgekehrte nach Meinung vieler nicht zutrifft.

Dernburg a. a. O. § 128 Nr. 12;
Binder a. a. O. S. 50;
Vgl. Entsch. des Reichsgerichts bei Bolze a. a. O., Bd. XIX Nr. 789;
Striethorst, Archiv für Rechtsfälle, Band XXVII Nr. 56.

Die Fälle liefsen sich leicht vermehren. Ich verweise z. B. auf H. 913 a. 190[a], 222 [§ 273].

Der hiermit erörterte Gesichtspunkt schlägt zu Gunsten der erweiterten Rechtskraft im vorliegenden Fall ein, wenn auch nur cum grano salis. Wäre im Streit mit dem Fiskus das Privatregalrecht rechtskräftig verneint worden, so wäre dasselbe damit allen Bezirkseingesessenen von Myslowitz-Kattowitz gegenüber endgültig negirt. Denn es wäre schlechterdings unmöglich, dafs der Fiskus Regalherr kraft der Res judicata und doch zugleich nicht Regalherr wäre — vielleicht kraft eines Urteils, welches der Herr von

Myslowitz-Kattowitz gegen irgend einen seiner Bezirkseingesessenen erstritte. Jeder derselben würde ihm die Res iudicata pro fisco haben entgegenhalten können, wie denn auch der Fiskus als Intervenient ihn durch dieselbe zurückgeschlagen hätte. Darüber ist Meinungsverschiedenheit unmöglich. Das Umgekehrte läfst sich nicht mit gleicher Allgemeinheit aussprechen; denn allerdings bedeutet die unanfechtbare Feststellung des Privatregals gegenüber dem Fiskus noch nicht ohne Weiteres die Unterwerfung aller Bezirkseingesessenen unter dasselbe. Denn, wie schon bemerkt, kann der einzelne möglicher Weise seine Exemtion behaupten. Aber wie, wo solche nicht in Frage ist? — Schon die vorstehenden Erwägungen weisen sehr energisch auf die erweiterte Rechtskraftswirkung hin. Sie wird sich denn auch im Folgenden als unabweisbares Resultat ergeben.

2. Es ist ein mit dem Erörterten in nahem Zusammenhang stehendes, durchgreifendes, den Umfang der Rechtskraft bestimmendes Princip: dafs abgeleitete bedingte Rechtsverhältnisse durch die rechtskräftige Entscheidung der bedingenden Frage oder des Ursprungs-Verhältnisses mitbestimmt werden. So ist es unbestrittenermafsen inter easdem personas. Aber so mufs es auch sein, wenn das bedingende oder Ursprungs-Verhältnis zwischen anderen Personen entschieden wird. Dabei ist nur ein doppeltes festzuhalten: 1. dafs es sich nicht um eine Rückwirkung des Urteils handelt — denn solche kann nur aus eigenartigen Umständen entnommen werden — und 2. dafs das Urteil zwischen den eigentlich zur Sache Legitimierten, oder, wie sich die römischen Quellen ausdrücken, gegenüber dem „justus contradictor“ ergangen sein mufs. Die Einschränkung, welche die römischen Quellen im Hinblick auf Kollusion und Kontumaz aussprechen, kann auf sich beruhen, da sie in vorliegender Sache nicht releviert. Auf dieses Motiv erweiterter Rechtskraft hin-

gewiesen zu haben, ist das Verdienst von Wetzell, System des ordentlichen Civilprozesses, 3. Aufl. 1878 S. 579 fg.

Zutreffend erklärt Wetzell auf diese Weise die Rechtskraftswirkung des Urteils im Streit der Erbschaftsprätendenten für und wider Legatare und Erbschaftsgläubiger und Schuldner.

1. 15 § 2 D. de inoffic. test V. 2;
1. 50 § 1 D. de legatis I;
Keller, Über Litiskontestation und Urteil S. 391.
Windscheid, Lehrbuch des Pandektenrechts, 7. Aufl. Bd. I § 132, § 383 verba: „Das zwischen den gesetzlichen und den Testamentserben über die Gültigkeit des Testaments ergangene Urteil ist maſsgebend auch für die Vermächtnisnehmer und überhaupt für alle, für und gegen welche sich aus der Gültigkeit oder Ungültigkeit des Testaments Ansprüche ergeben.“ Bd. III § 584 Note 19, Note 26.

Keller hält das für ganz selbstverständlich und mit Recht. Der Erbschaftsschuldner kann nicht verpflichtet sein gegenüber einer Person, die nicht als Erbe gilt und das Empfangene an einen Dritten, den Sieger im Prätendentenstreit, herauszugeben hat. Und andererseits muſs er diesem Sieger verpflichtet sein. Ebenso kann der besiegte Prätendent nicht als Erbe in Anspruch genommen werden, während ihm doch alle Rechte eines solchen mangeln:

vergl. auch (mit begründeter Polemik gegen von Savignys zu enge Auffassung)
Freudenstein, die Rechtskraft, Hannover 1881 S. 231 fg.;
Binder, Die subjektiven Grenzen der Rechtskraft, 1895, S. 72 fg.;
Mein Handbuch des Deutschen Civilprozeſsrechts, Bd. I. S. 627;
Für Preuſsen: Dernburg a. a. O. Bd. I § 138, Bd. III § 145, § 230 a. E.;
Fischer, Lehrbuch des preuſsischen Privatrechts, 1887, S. 736;
vergl. auch Entscheidung des Reichsgerichts bei Bolze a. a. O. Bd. V. Nr 1192.

Die Wirkung des Statusurteils im Legitimitätsstreit bestimmt sich bekanntlich in gleicher Weise.

Dernburg a. a. O. Bd. I. § 138;
Wächter, Handbuch des Württembergischen Privatrechts, Bd. II S. 571.
Windscheid a a. O. Bd. I § 132;
Freudenstein a. a. O. S. 222.

Der „iustus contradictor“ ist hier der Vater, bez. das Kind, wie es dort der Erbe ist. Nur zwischen den angeblich im Descendentenverhältnis Stehenden läſst sich der Streit über dasselbe ex professo austragen; in Prozessen anderer Personen könnte es nur Incidentfrage sein. Ist zwischen Vater und Sohn des letzteren Familienzugehörigkeit festgestellt, so kann weder ein anderes Mitglied der Familie, noch ein Dritter die Verwandtschaft in Zweifel ziehen. Sie ergiebt sich auch für diesen als notwendige Folgethatsache. Denn es kann nicht sein, daſs der Sohn seines Vaters nicht der Bruder eines anderen Sohnes desselben sei. Daher bestimmt auch § 592^d der Novelle zur Reichscivilprozeſsordnung [643]:

> „in den Fällen der §§ 592^a, 592^b wirkt das Urteil, sofern es bei Lebzeiten der Parteien rechtskräftig wird, für und gegen alle. Ein Urteil, welches das Bestehen des Eltern- und Kindesverhältnisses oder der elterlichen Gewalt feststellt, wirkt jedoch gegenüber einem Dritten, welcher das elterliche Verhältnis oder die elterliche Gewalt für sich in Anspruch nimmt, nur dann, wenn er an dem Rechtsstreit Teil genommen hat.“

Diese allgemeine Rechtskraft wird gewöhnlich als eine Besonderheit hingestellt. Aber sie ist nur Ausfluss des betonten Princips, das gleichermaſsen zur Anwendung kommt in Ehesachen:

vgl. Windscheid a. a. O. Bd. I § 132 Note 7;
Dernburg a. a. O. § 138 Note 5;

Civilrechtliche Entscheidungen der obersten Gerichtshöfe Preufsens von Fenner u. Mecke Bd. V Nr. 75 S. 151.

Sofern hier die rückwirkende Kraft des Urteils sich geltend macht, bleibt diese Eigenart aufser Betracht.

Es wird nicht angezweifelt werden können, dafs Urteile über Autorrecht, über Eigentumsverhältnisse oder andere absolute Rechte, ergangen zwischen zwei Prätendenten, Dritte im abgeleiteten Rechtsverhältnis Stehende binden müssen, soweit es sich um die Frage handelt, wer von den beiden Prätendenten der Berechtigte ist. Das oben über den Erbrechtsprätendentenstreit Gesagte bildet die vollkommene Analogie. Ist der eine Autorrechtsprätendent unterlegen, so wird der Sieger sofort die aus Verletzungen des Autorrechts schon entstandenen Ansprüche mit der Wirkung verfolgen können, dafs ihm gegenüber wohl sein eigenes Autorrecht bestritten, aber nicht noch das des besiegten Prätendenten behauptet werden kann. — Der als Eigentümer des mit der Reallast belasteten Grundstücks im Vindikationsstreit Anerkannte kann dem Reallast-Berechtigten gegenüber seine Passivlegitimation nicht bestreiten. Andererseits wird der Sieger im Eigentumsstreit zur Geltendmachung aller am Grundstück haftenden Rechte legitimiert gelten müssen — wenigstens insoweit, als ihm nicht entgegengehalten werden kann, sein besiegter Gegner sei der Berechtigte.

Man wird nicht fehl gehen, wenn man das Gesagte auf den Legitimationspunkt allgemein anwendet und selbst für das Gebiet der Forderungsrechte behauptet. Will und kann der Schuldner seine Schuld an sich nicht bestreiten, und ist er nur ungewifs darüber, wer, ob A oder B sein Gläubiger sei, so kann er sich, sobald A dem B gegenüber sein Gläubigerrecht zur rechtskräftigen Feststellung gebracht hat, der Zahlung an A nicht mehr entschlagen, wie er nicht mehr wegen Ungewifsheit der Person des Gläubigers die Schuldsumme gerichtlich deponieren kann. Eine Anwendung dieses Gedankens findet sich in Reichscivilprozeſsordnung § 72 [75]. Das dort geordnete Verfahren ist ausgeschlossen, wenn bereits die Rechtskraft zwischen den zwei Prätendenten vorliegt; denn der Zweck dieses Verfahrens ist, dieselbe mit Wirksamkeit für den Schuldner herbeizuführen.

Der Bürge wird durch das Urteil, welches im Streit des Gläubigers und Hauptschuldners über die Hauptschuld ergeht, dann nicht gebunden, wenn diese bejaht wird, weil selbstverständlich weder seine Schuld, noch auch die Existenz der Hauptschuld ihm gegenüber dadurch festgestellt worden. Andererseits muſs sich der Gläubiger die Exceptio rei iudicatae aus jenem Prozeſs gefallen lassen, wenn er abgewiesen wurde. Denn besteht die Hauptschuld nicht — und wie soll sie bestehen, wenn sie nicht gegenüber dem Hauptschuldner besteht? — so fällt die Bürgschaft:

Vgl. Entscheidungen des Reichsgerichts bei Bolze a. a. O. Bd. XVI Nr. 501 vgl. mit Bd. II Nr. 1797;

Wächter formuliert den zutreffenden Satz: „ist das Hauptrecht durch ein rechtskräftiges Urteil für erloschen oder nicht existierend erklärt, so muſs dies auch auf das Nebenrecht wirken, d. h. es muſs nun auch das Nebenrecht in derselben Ausdehnung als nicht existierend behandelt werden, sei dasselbe ein persönliches oder ein dingliches Recht.“

Handbuch des in Württemberg geltenden Privatrechts, Bd. II 1842, S. 570.

Er exemplifiziert: wenn ich meine Sache für eine fremde Schuld verpfände oder eine verpfändete Sache kaufe und nun der Pfandgläubiger im Prozeſs gegen den Schuldner mit der Schuldklage wegen Nichtexistenz der Schuld abgewiesen wird, so habe ich die Einrede der Rechtskraft gegen den Pfandkläger.

In der Richtung der vorstehenden Erörterungen und speciell des Legitimationspunktes bewegt sich ein interessantes Urteil des Oberappellationsgerichts zu Kassel (Seuffert.

Archiv für Entscheidungen der obersten Gerichte Bd. XV Nr. 77). Es handelte sich um die Frage, ob dem Fiskus oder einer Erbin einer im Mannesstamm erloschenen, vom Landesherrn belehnten und zum Verkauf gewisser Lehngüter für berechtigt erklärten Familie das Recht auf die aus solchem Verkauf restierenden Kaufgelder zustehe. Es wurde rechtskräftig zu Gunsten des Fiskus erkannt. Als dieser den Kaufgeldschuldner belangte, erkannte das oberstrichterliche Urteil die rechtskräftige Entscheidung im Vorprozefs als bindend für die Frage der Legitimation an und motivierte dies damit, dafs die Frage der Legitimation zwischen den bei ihr allein wesentlich Interessierten endgültig erledigt sei.

VII.

Wir machen die Nutzanwendung der gewonnenen Resultate auf den vorliegenden Fall.

Bereits jetzt ist festgestellt: 1. die Bergeigentümer, welche ihr Recht von dem gegenwärtigen Beklagten oder den Rechtsvorgängern als Regalherrn ableiten, können dessen Regalrecht nicht bestreiten; ihnen steht die Einrede der Rechtskraft entgegen (oben Nr. IV); 2. die rechtskräftige Feststellung des Privatregals im Prozefs gegen den Fiskus müssen alle Bergunterthanen des Privatregalbezirks gegen sich gelten lassen, soweit sie nicht behaupten, eximiert oder einem andern Regalherrn unterworfen zu sein (oben Nr. VI S. 10); 3. hieraus folgt an sich noch nicht, dafs die vor der rechtskräftigen Feststellung des Privatregals vom Fiskus Beliehenen als zu Unrecht beliehen anzusehen sind, wohl aber, dafs auch sie von jenem Moment ab nur noch den Privatregalherrn über sich hatten und haben.

Dieser letzte Satz soll im Folgenden noch näher erwiesen werden. Dabei wird auf die Frage nach der rückwirkenden Kraft des Urteils nicht einzugehen sein, weil sie nicht in lite ist.

Dafs die Bergwerkseigentümer des fraglichen Bezirks regalbelastet und zehntpflichtig waren, stand damals, als die Urteile zwischen Fiskus und den Besitzern von Myslowitz-Kattowitz ergingen, fest. Es fragt sich nur, wem gegenüber sie es waren. Diese Frage konnte endgültig nur zwischen jenen beiden Regal-Prätendenten erledigt werden und mufste zwischen ihnen mit Vollwirksamkeit für die Regalunterthanen entschieden werden. Sie waren gegenüber der Frage nach der Aktivlegitimation, nach dem Subjekt des Regalrechts unbeteiligt — soweit nicht ihr Bergeigentum selbst in Frage gestellt wurde. Nicht der Bergeigentümer, sondern der Fiskus war der iustus contradictor gegenüber dem Anspruch auf das Privatregal.

Das Regalrecht ist, wie man auch sonst dasselbe qualifizieren mag, ein unmittelbar aus dem Gesetz fliefsendes, absolutes fiskalisches Nutzungsrecht (Allg. Ldr. Teil II Tit. 14 § 24), ruhend auf publizistischer Basis. Der Private, welchem es zukommt, kann dasselbe nur vom Staate ableiten (Allg. Ldr. Teil II Tit. 14 § 24 fg. § 5; Tit. 16 § 106 fg.), nur dem Staat gegenüber ersitzen, — von Streitigkeiten zwischen Privatregalprätendenten abgesehen, — nur dem Staat gegenüber erstreiten. Zwar würde ihm nicht benommen sein, klageweise einem Bergunterthanen gegenüber aus dem Regal abfliefsende Rechte (Zehntrecht) in Anspruch zu nehmen, weil diesem an und für sich nicht benommen ist, das Bestehen des Privatregals, also dessen Rechtsfolge für ihn, zu bestreiten; aber zur rechtskräftigen Feststellung könnte damit das Regalrecht als solches nicht gebracht werden. Die Frage nach seinem Bestand wäre, soweit nicht Sonderverhältnisse entscheiden, lediglich die bedingende Frage. Das Rechtsverhältnis zwischen dem Regalherrn und dem Bergeigner ist abgeleitet aus dem den Bezirk ergreifenden Regal, wie die Erbschaftsforderung subjektiv abgeleitet ist aus dem Erbrecht, wie der Prädialservitutenanspruch (a^{0}-confessoria) ruht auf dem Eigentum.

Das Regal besteht unabhängig von der Verleihung, besteht auch, wenn der Bergbau noch nicht begonnen hat, ist radiziert auf den Bezirk, nur beschränkt durch die Bergbaufreiheit. Es wäre undenkbar das Regal als solches gegen einen einzelnen Bergunterthanen, wenn er dasselbe sich nicht selbst anmafste, zur Feststellung zu bringen. Er wäre solcher Klage gegenüber passiv nicht legitimiert. Er wäre es ebensowenig, als der Erbschaftsschuldner oder der Singularsuccessor des Erblassers passiv legitimiert ist gegenüber der Erbschaftsklage (hereditatis petitio) bez. der Klage auf Feststellung des Erbrechts, oder ein Dritter passiv legitimiert wäre gegenüber einer Klage betreffend den Bestand der Ehe zwischen anderen Personen. Dieser Streit kann ausgetragen werden nur zwischen den Ehegatten; die hereditatis petitio gemeinrechtlich nur gegenüber dem, welcher „pro herede“ oder „pro possessore“ besitzt, nach Deutschem Bürgerlichen Gesetzbuch § 2018 nur dem gegenüber, welcher als Erbschaftsbesitzer sich selbst Erbrecht zuschreibt. Es könnte daher auch in einem Rechtsstreit zwischen dem angeblichen Regalherrn und den Regalunterthanen — wiederhole ich — die Frage des Bestandes des Regals nur als bedingende nicht mit der Wirkung endgültiger Rechtskraft entschieden werden, — und es würde die nachträgliche rechtskräftige Feststellung zwischen den Prätendenten zweifellos auch jenen Regalunterthanen mit binden. Wie derjenige, welcher eine Erbschaftsschuld zur Feststellung gebracht hat, dem im Erbschaftsprätendentenstreit Siegreichen weichen müfste, oder derjenige, welcher als Eigentümer eines Grundstücks ein Servitut erstritten hat, Platz zu machen hat dem Dritten, der ihm das Grundstück abstreitet, — und wie in beiden Fällen der im Vorprozefs Unterlegene jetzt den Sieger im Erbrechts- oder Eigentumsstreit als den Berechtigten gegen sich gelten lassen müfste, so mufs der Regalunterthan, dem gegenüber ein angeblicher Privatregalherr gesiegt hat, nachträglich die Res iudicata gegen sich gelten lassen, wenn der Fiskus dem Privatregalherrn das Regal abvindiziert. Und selbstverständlich gilt auch das Umgekehrte.

Mit dem Augenblick, im welchem der Privatregalherr dem Fiskus gegenüber als solcher rechtskräftig anerkannt wird, kann diese seine Rechtsstellung kein Bergunterthan seines Bezirks mehr bestreiten, er müfste denn eben bestreiten, überhaupt Regalunterthan zu sein, etwa behaupten, dafs er dem fraglichen Bezirk nicht angehöre oder eximiert, oder selbst Regalherr sei. Die Berufung auf das Regalrecht des Fiskus wäre eine Exceptio de iure tertii angesichts rechtskräftiger Verneinung dieses Rechts.

Auch die praktischen Konsequenzen, welche die Probe auf das Exempel enthalten, beweisen die Richtigkeit dieser Ansicht. Ein unentwirrbarer Zirkel wäre die Folge.

Würde der Privatregalherr, weil man die Rechtskraft zu seinen Gunsten nicht anerkennt, im Prozefs mit dem Bergeigner unterliegen, so würde kraft Gesetzes der Fiskus das Regal ihm gegenüber in Anspruch nehmen dürfen. Denn ipso iure ist ihm jeder unterworfen, der nicht kraft individuellen Titels frei oder Privatregalunterthan ist. Der Privatregalherr aber würde vom Fiskus kraft seines siegreichen Urteils extrahieren, was dieser vom Bergeigner erlangt — ja er würde vom Fiskus mit Recht Schutz seines Privatregals verlangen dürfen.

Dieser Deductio ad absurdum darf auch nicht begegnet werden mit dem Hinweis, dafs ja zufolge des Verzichts des Staates auf sein Zehntrecht derartiges nicht mehr zu gewärtigen sei. Denn das ist ein Novum, welches die eingetretene Rechtskraftswirkung nicht berührt.

Dafs vorstehende Erwägungen berechtigt sind, zeigt ein Urteil des Reichsgerichts V. Civ.-Sen. vom 9. Okt. 1886.

Bolze a. a. O. Bd. III Nr. 1379.

„Die Königliche Seehandlung entnimmt das zum Betrieb

ihrer Flachsgarnspinnerei erforderliche Wasser aus dem Bober mittels eines Kanals oberhalb des Mühlgrabens. Ihr gegenüber ist der Müller mit der Klage auf Unterlassung der Wasserableitung aus dem Grunde, weil ihm aus einem Vertrage mit der Stadt ein ausschliefsliches Mitbenutzungsrecht am Wasser des Mühlgrabens zustehe — Gesetz vom 28. Februar 1843, § 16^{a} — und weil ihm das zum Betrieb der Mühle notwendige Wasser entzogen werde — § 13^{b} — *rechtskräftig abgewiesen*. Der Einwand aus dieser Abweisung steht auch der Stadt zu, von welcher der Müller jetzt fordert, dafs sie die Kanalanlage so verschliefse und vom Kläger verschliefsen lasse, dafs das Wasser nach jenem Grundstück nicht mehr abgeleitet werden kann. Da der Kläger die Beseitigung der von der Seehandlung hergestellten Kanalanlage, welche den einzigen unteilbaren Gegenstand der Klage bildet, *jener gegenüber nicht durchsetzen kann*, so ist damit auch der Klage gegen die Stadtgemeinde zwar nicht der rechtliche Boden aber der Gegenstand entzogen."

Der hier interessierende Gedankengang ist der: da die Seehandlung bereits rechtskräftig gegenüber dem Kläger geschützt ist gegen einen Angriff auf das Mitbenutzungsrecht, und dieses nicht ihm gegenüber bestehen und zugleich der Stadt gegenüber nicht bestehen kann, ist auch — eine Verurteilung der Stadt zur Beseitigung der Mitbenutzung unmöglich. So kann das Privatregal nicht dem Fiskus gegenüber bestehen und den Privatregalunterworfenen gegenüber nicht bestehen. Das bestätigen auch die obigen Ausführungen über die notwendige Einheitlichkeit der Entscheidung (Nr. VI). Der Regalbezirkseingesessene kann nicht das Bestehen des Regals an sich, er könnte nur seine persönliche Unterwerfung bestreiten — und auch diese vermöge der territorialen Natur des Regals nur, wenn ihm ein individueller Befreiungsgrund zustünde.

Noch auf eine Parallele hinzuweisen mag gestattet sein. Das Privatregal hat — unerachtet seiner privatrechtlichen

Seite — eine gewisse Verwandtschaft mit patrimonialen Hoheitsrechten. Sollte, was früher möglich gewesen wäre, im Streit des Staates mit einem Privaten diesem rechtskräftig die Patrimonialgerichtsbarkeit zuerkannt worden sein, so wäre damit unmittelbar für jeden Gerichtseingesessenen die Patrimonialjurisdiction bindend festgestellt. Denn sie ergreift wie das Regal „Land und Leute". Nur Exemtionen können Ausnahmen begründen.

Leipzig, den 24. Februar 1898.

Widerlegung

des

Rechtsgutachtens des Professor Dr. Fischer

in Sachen der Bergwerksgesellschaft

Georg von Giesche's Erben

in Breslau

gegen den

Grafen Franz Hubert von Tiele-Winckler

auf Miechowitz.

Von

Dr. Adolf Wach.

Das von mir unter dem 24. Februar 1898 in Sachen der Bergwerksgesellschaft Georg von Giesches Erben gegen den Grafen von Tiele-Winckler erteilte Rechtsgutachten ist durch Dr. Otto Fischer in Breslau einer eingehenden Besprechung in dem mir vorliegenden, als Manuskript bei Vopelius in Jena gedruckten Rechtsgutachten unterzogen worden. Ich folge der Aufforderung des Beklagten, mich auf die F.schen Deduktionen zu äufsern. — — —

Es bedarf vor allem einer nochmaligen Klarstellung der von mir behandelten und auch den Kern der F.schen Auslassung bildenden Frage. Der Klageantrag begehrt die Verurteilung des Beklagten 1. anzuerkennen, dafs ihm als Eigentümer der Herrschaft Myslowitz-Kattowitz gegenüber der Klägerin bezüglich ihrer in der Gemarkung Zalenze belegenen Steinkohlengrube „Zur Gottes Gnade“ ein privates Bergregal nicht zustehe, 2. sich der Erhebung des Zehnten und der übrigen Abgaben von der Steinkohlengrube „Zur Gottes Gnade“ zu enthalten. Es liegt auf der Hand, dafs dieser Klage die Einrede der Rechtskraft auf Grund der Vorprozesse zwischen dem preufsischen Fiskus und den Rechtsvorgängern des Beklagten nicht entgegengesetzt werden kann; es fehlt sowohl die Identität der Streitsache, wie der Subjekte. Darüber ist kein Wort zu verlieren. Es handelt sich lediglich darum, ob die in jenen Vorprozessen rechtskräftig gegenüber dem Fiskus ausgesprochene Feststellung des Privatbergregals für das Gut Zalenze u. s. w. auch der Klägerin gegenüber bindend ist. Und dabei bleibt ferner aufser Betracht die etwaige Rechtskraftwirkung jener Feststellung gegenüber dritten Regalprätendenten, wie die Frage, ob kraft des Regals auch heute noch die Klägerin zur Zahlung des Zehnten und sonstiger Abgaben voll verpflichtet sei. Denn selbstverständlich können Vorgänge stattgefunden haben, welche, unerachtet jenes Privatregals des Beklagten, Befreiungen der Klägerin von jenen Lasten ganz oder zum Teil zur Folge gehabt haben.

I.

Um der geschlossenen Darstellung den Boden zu ebnen, ist es nötig, vorweg einzelne Ausführungen und Einwürfe F.s zu widerlegen, welche — Unrichtigkeiten enthalten und geeignet erscheinen, den Eindruck der Unzuverlässigkeit meiner Deduktion hervorzurufen.

1. F. bemerkt — — — — zu § 258 I, 18 A.L.R.: „Wach hat in seinem Gutachten diese Vorschrift für das genaue Gegenteil dessen citiert, was sie wirklich enthält.“ Und auf Seite 37 bei dem Résumé seiner Kritik formuliert er unter Nummer 2 den Vorwurf: „er hat die Sätze des preufsischen Rechts unvollständig und unrichtig mitgeteilt, vor allen Dingen § 258 I, 18 A.L.R. in sein Gegenteil verkehrt“ [1]).

— — — — — Auf Seite 8 meines Gutachtens habe ich bei der Erörterung der Frage, in welchem Mafse der Repräsentationsgedanke die subjektive Erweiterung der Rechtskraft bestimme, gesagt, er bestimme „unter anderem die Wirkung der Prozesse der Vasallen für und wider den Lehnsherrn und Lehnsanwärter“ und dazu parenthetisch Citate hinzugefügt aus dem liber feudorum, sowie die angegebene Stelle des Preufsischen Landrechts mit Verweisung auf eine bei Bolze Bd. XIV Nr. 611d referierte Entscheidung des Reichsgerichts. Eine Auslegung der landrechtlichen Stelle war damit keineswegs gegeben, vielmehr nur ausgesprochen, dafs auch sie für diesen Punkt wesentlich in Betracht komme.

---

1) In F.[2] S. 175 fortgefallen.

Inwiefern das der Fall, sollte durch den Verweis auf das reichsgerichtliche Urteil klar werden. Hätte nun F. dasselbe nachgeschlagen, so hätte er mit Leichtigkeit erkennen können, wie grundlos sein Vorwurf ist. Aus ihm hätte F. entnehmen können, dafs nach der Ansicht des höchsten Gerichtshofs das Urteil im Vorprozesse des Vasallen Rechtskraft schafft betreffs der nicht zugezogenen Lehnsanwärter, wenn auch nicht betreffs des Lehnsherrn, dafs also für jene das Repräsentationsverhältnis in der That die Ausdehnung der Rechtskraft nach preufsischem Recht begründet, während der liber feudorum weiter geht[1]).

Im übrigen darf gleich hier betont werden, dafs ich ausdrücklich an der Spitze meines Gutachtens [Seite 4] anerkannt habe, das preufsische Recht enthalte keine Entscheidung der den Streitpunkt bildenden Frage, und dafs ich an keiner Stelle desselben den § 258 I, 18 A.L.R. zur Begründung meiner Ansicht verwerte.

2. F. wirft mir ein, dafs ich bei der Erörterung der res iudicata in Statussachen die Ausnahme zu Gunsten der Lehns- und Fideikommifs-Anwärter nicht berücksichtigt habe[2]). Er leitet, da weder die Ausnahme noch die Regel im preufsischen Recht sich findet, jene aus §§ 16—18 II, 2 A.L.R. ab. Sie zu erwähnen, lag für mich kein Anlafs vor. F. selbst läfst sie in seinem Lehrbuch bei der Erörterung der Rechtskraft S. 735 unerwähnt. Es ist selbstverständlich und durch viele Äufserungen meines Gutachtens ersichtlich gemacht, dafs die Rechtskraft dem selbständigen dritten Interessenten, von Besonderheiten abgesehen, nicht präjudizieren kann. So ist denn auch in der deutschen C.P.O. v. 17. Mai 1898 § 643 eine derartige Ausnahme von der absoluten Rechtskraft nur bezüglich Solcher ausgesprochen, welche das elterliche Verhältnis oder die elterliche Gewalt für sich in Anspruch nehmen.

---

[1]) Vgl. jetzt auch F.² a. a. O.

[2]) F.² S. 185.

Und doch wird sich fragen, ob nicht auch dieser Satz einer Erweiterung zu Gunsten der selbständigen Lehns- und Fideikommiſs-Interessenten bedürfen wird. Keinesfalls berechtigte die angeblich auſser Acht gelassene Ausnahme dazu, aus ihr ein Argument gegen das von mir verteidigte Princip abzuleiten.

3. F. erhebt — — — Einwände gegen meine Auffassung und Verwertung des Urteils des Reichsgerichts vom 9. Oktober 1886[1]). Sie sind grundlos. Ihm hat das Urteil in extenso, wie es scheint, vorgelegen, mir nur das Referat bei Bolze Bd. III Nr. 1379. Aber ich habe aus ihm die Gründe des Reichsgerichts völlig zutreffend erkannt und den Kern der Entscheidung genau so festgestellt, wie es F. selbst thut S. 191 fg. Dieser Kern ist folgender: Obschon der mitbeklagten Stadtgemeinde Landshut, von der als solcher bei Bolze nicht die Rede ist, gewiſs die Einrede der Rechtskraft nicht zusteht, da der Vorprozeſs zwischen dem Kläger und der Seehandlung eine res inter alios acta ist, so muſs dennoch die von dieser erstrittene Rechtskraft in ihren Konsequenzen der Stadtgemeinde zu statten kommen. Warum? Weil das Gegenteil einen Widerspruch in sich selbst enthielte, also, wie ich sage, das Mitbenutzungsrecht nicht für den einen Teil bestehen und für den andern Teil nicht bestehen kann, oder, wie F. sagt, die Verurteilung der Stadtgemeinde bei Identität und Unteilbarkeit des Klaggegenstandes unmöglich wäre, ohne die Rechtswirksamkeit des Vorurteils inter partes wieder aufzuheben. Und das gerade ist hier die Rechtskraftswirkung dieses Vorurteils inter alios. Also ist die angebliche Berichtigung F.s nur Bestätigung.

4. Seite 195 geht die Polemik F.s gegen mich fehl, da sie gegen Angriffspunkte gerichtet wird, für die meine Aus-

---

[1]) „Wach — hat offenbar infolge des ungenauen Referats bei Bolze — sowohl die Lage des Falles, wie die Gründe des Reichsgerichts nicht völlig erkannt.“ Jetzt F.² S. 191 fortgefallen.

führungen keinen Boden bieten. Was dort gegen die Gleichstellung des positiven und negativen Urteils gesagt wird, ist — unklar und das zur Begründung Hinzugefügte, soweit es richtig, nur Wiederholung dessen, was ich selbst sub III S. 8 ausführe. Dort heifst es: „Wenn A dem B gegenüber sein Eigentum siegreich durchgesetzt hat, so folgt daraus nicht, dafs er als Vindikant dem C gegenüber sich auf die rechtskräftige Feststellung berufen könne. Vielmehr kann es sein, dafs er als Nichteigentümer im zweiten Prozefs unterliegt." Was sagt F.? Indem er mir vorwirft, dafs ich positives und negatives Urteil fehlerhaft gleichstelle, fährt er wörtlich fort: „Der mit der Klage gegen die Besitzer abgewiesene Vindikant ist praktisch allerdings sein Eigentum los" — (was keineswegs richtig ist)[1]. „Der siegreiche Vindikant kann dagegen Dritten gegenüber sein Eigentum auf das Urteil nicht stützen; er ist nicht für Jeden Eigentümer gegenüber dem Besiegten; das wäre eine durchaus schiefe Auffassung. Die richtige ist: sein Vindikationsanspruch kann vom Besiegten nicht mehr bestritten werden. Im übrigen bleibt es völlig dahingestellt, ob er Eigentümer ist." Wer hat je das Gegenteil behauptet? Dafs der im Vorprozefs siegreiche Vindikant in demselben rechtskräftig Sieger geblieben ist, diese historische rechtserhebliche Thatsache kann niemand und auch F. nicht leugnen. Allein er sagt: „er ist nicht für Jeden Eigentümer gegenüber dem Besiegten."

Vgl. dagegen Planck, Bürgerl. G.B. I. S. 41[2]).

---

[1]) F.[2] S. 196 Note 1. „juristisch bleibt ihm das Dominium sine re". Aber er kann es Dritten gegenüber durchsetzen.

[2]) Von F.[2] S. 196 Note 2 übernommen, ohne zu bemerken, dafs dort gesagt ist: „Wenn A mit dem Eigentumsanspruche gegen B obgesiegt hat — —, so mufs jeder die Thatsache, dafs im Verhältnis zwischen A und B das Eigentum der betreffenden Sache als dem A zustehend gilt und B verpflichtet ist, die Sache dem A herauszugeben, gegen sich gelten lassen, und tritt, sofern ein Rechtsverhältnis des Dritten von dieser Thatsache berührt wird, eine Einwirkung auf das Rechtsverhältnis ein."

5. Ähnlich abwegig sind die Bemerkungen F.s über K.O. § 135 (künftig 145), S. 177 ff. Er deduziert, dafs die in diesem Gesetz ausgesprochene Erweiterung der Rechtskraft legislativ motiviert sei durch die „öffentliche Bekanntmachung bezw. Ladung zu demjenigen Verfahren (Prüfungstermin), aus dem der Prozefs erwachsen"; denn dadurch wären die Dritten zu jenem Verfahren zugezogen und dazu die polemische Note: „Es ist also keineswegs, wie Wach meint, allein die zwingende Logik des Rechtsverhältnisses, welche hier die Wirkung der Rechtskraft erstreckt. Käme nicht zu diesem materiellen Gesichtspunkt die formale Beteiligung an dem zu Grunde liegenden gemeinschaftlichen Verfahren hinzu, so würde nimmermehr die Erstreckung der Rechtskraft verordnet sein." Übrigens handle es sich um ganz besondere, positive Vorschriften, die keiner analogen Ausdehnung fähig seien. F. hat offenbar nichts anderes im Sinne, als die Wirkung der Rechtskraft im Feststellungsprozefs des Liquidanten gegenüber jedem zum Prüfungstermin Geladenen, nicht gegenüber den Kolliquidanten, welche in diesem der angemeldeten Konkursforderung widersprochen haben. Aber gerade hiervon und nur hiervon habe ich S. 18 N. 1 gehandelt. Ich erörtere die Rechtskraft zu Gunsten des widersprechenden, aber nicht mitverklagten Gläubigers, sowie des Cridars (Konkursverwalters). Es ist so ziemlich allgemein anerkannt, dafs, wenn mehrere Mitgläubiger bezw. der Konkursverwalter ein Liquidat bestreiten, dieses allen Bestreitenden gegenüber rechtskräftig festgestellt werden mufs, um im Konkurse zum Zuge zu kommen. Dafs daher der Liquidant allen Bestreitenden gegenüber unterlegen ist, wenn er auch nur im Feststellungsprozesse mit einem der Kolliquidanten unterlag, das glaube ich mit aller wünschenswerten Deutlichkeit auf S. 18 f. ausgeführt zu haben. Dafs aber bei dieser Ausdehnung der Rechtskraft zu Gunsten der übrigen Kolliquidanten ihre Zuziehung zum Prüfungstermin kein legislatives Motiv sein kann,

ist mit Händen zu greifen, und unverständlich ist, wie hier eine Repräsentationsbefugnis durch „specielle Rechtsvorschrift“ als Grund der erweiterten Rechtskraft gegeben sein soll. Nebenbei bemerkt, hat F. den für die in Rede stehende [Zeit] mafsgebenden § 237 der preufsischen K.O. ignoriert, in welchem gesagt ist: „Wenn ein Anspruch hinsichtlich der Richtigkeit . . . . rechtskräftig ganz oder zum Teil abgewiesen wird, so kommt dies den sämtlichen Konkursgläubigern zu statten, auch wenn sie an dem Prozesse nicht teilgenommen haben“ [1]).

6. Auf Seite 24 meines Gutachtens habe ich hervorgehoben, R.C.P.O. § 72 (künftig 75) enthalte eine Anwendung des Gedankens, dafs bei Unbestrittenheit der Schuld oder Unklarheit über die Person des Gläubigers die rechtskräftige Entscheidung zwischen den Gläubigerprätendenten den Legitimationspunkt für den Schuldner bindend feststelle. Ich habe hinzugefügt, dafs das in dem § 72 geordnete Verfahren ausgeschlossen sei, wenn die Rechtskraft zwischen den Prätendenten bereits vorliege; denn der Zweck dieses Verfahrens sei es, sie mit Wirksamkeit gegen den Schuldner herbeizuführen. F. sagt S. 197, das sei für das preufsische Recht entschieden zu verwerfen [2]). Völlig unverständlich, da C.P.O. § 72 doch auch für Preufsen mafsgebend ist, und es mir andererseits natürlich nicht eingefallen ist, zu behaupten, dafs C.P.O. § 72 Bestandteil preufsischen Landesrechts sei oder gewesen sei. Aber § 72 soll anders verstanden werden, nämlich so, dafs der Ausgangspunkt, also doch wohl das Motiv für die gesetzliche Disposition in der Freiwilligkeit der Hinterlegung zum Zwecke der Befreiung aus einem Streit, an dem der Schuldner kein Interesse habe, zu erblicken sei. Hinterlege er nicht

---

[1]) Jetzt F.[2] S. 178 in der Note verwendet. Hier wird anerkannt, dafs auch den Widersprechenden das Urteil zu Gute kommt.

[2]) F.[2] fortgefallen.

freiwillig, so könne gar nicht davon die Rede sein, dafs die Entscheidung zwischen den Gläubigerprätendenten Rechtskraft gegen den Schuldner mache. Halten wir hier zunächst ein, so hätte F. sich die Frage vorlegen sollen, wie sich denn die Sache entwickeln würde, wenn ohne die Streitverkündung und Hinterlegung des § 72 der zweite Gläubigerprätendent die Hauptintervention erhebt (C.P.O. § 61, künftig 64) [1]). Hat er bereits vorher in einem Feststellungsprozesse mit dem andern Prätendenten siegreich sein Gläubigerrecht durchgefochten, so mufs ihm dieser nunmehr weichen und es ist nicht abzusehen, wie sich der Schuldner dieser Thatsache soll entziehen können. Gerade seine Interesselosigkeit daran, wer von Beiden der Gläubiger ist, ist Grund dafür, dafs ihn die Rechtskraft im Prätendentenstreit bezüglich des Legitimationspunktes bindet. Doch darauf ist später, unten Nr. III, ausführlich zurückzukommen. Hier mufs ich den Gedankengang F.s weiter verfolgen. Er nimmt an, dafs nach § 72 C.P.O. auch die Entscheidung nach der Hinterlegung keine Rechtskraft gegen den Schuldner mache; er scheide ja ganz durch seine Entlassung aus dem Rechtsstreit aus, also aus dem Rechtsverhältnis. Sonach hätten wir jetzt eine Forderung ohne Schuldner oder etwa mit dem Schuldner der Staatskasse, bei welcher die Hinterlegung erfolgt ist. F. sagt dann auch, die Entscheidung über die Berechtigung an der Forderung treffe lediglich die zu Gunsten der Gläubiger hinterlegte Geldsumme (bezw. die entsprechenden Forderungen an die Staatskasse). Sollte sie demnach vielleicht Rechtskraft gegenüber der Geldsumme schaffen? In der Litteratur ist zwar Streit darüber, ob der Schuldner aus dem Prozesse zufolge seiner Streitentlassung

---

[1]) F.² S. 198 will dem begegnen mit der Wendung: „Auch aus dem Falle einer Hauptintervention des zweiten Gläubigerprätendenten im Rechtsstreit des ersten Prätendenten mit dem Schuldner läfst sich irgend eine Erweiterung der Rechtskraft für oder gegen nicht zugezogene Dritte nicht ableiten“. Der Text beweist das Gegenteil.

ausscheidet — eine Frage, die nach der besser begründeten Ansicht zu verneinen sein wird — aber keinesfalls darüber, dafs das Urteil zwischen den Gläubigerprätendenten die Gläubigereigenschaft gegenüber dem ausgeschiedenen oder nicht ausgeschiedenen Schuldner rechtskräftig feststellt [1]).

7. Auf S. 201 Nummer 4 giebt F. Äufserungen von mir wieder, welche den Streit von Autorrechtsprätendenten betreffen. Sie betreffen ihn nur als Streit über den Legitimationspunkt. Und darüber hätte F. bei aufmerksamer Lektüre nicht im Zweifel sein können. Die Frage, die ich beantworten wollte, war die, ob die im Prätendentenstreit über solch absolutes, immaterielles Recht erwachsende Rechtskraft den Dritten bindet, wenn es sich ihm gegenüber darum handelt, welcher der Prätendenten den zweifellos gegen ihn bestehenden Anspruch wegen Verletzung des Autorrechts hat. Dabei mufs ich besonders betonen, dafs ich die rückwirkende Kraft solcher Entscheidung besonderer Erörterung vorbehalten habe (auf Seite 12 meines Gutachtens). Was wendet F. gegen mich ein? „Der Verleger, der von dem im Streit mit einem Rivalen zu Unrecht des Autorrechts für verlustig erklärten Autor vor Anstellung des Prozesses das Verlagsrecht erworben hat, ist, wenn er nicht zum Prozesse zugezogen war, allerdings in keiner Weise gehindert, sehr nachdrücklich die Rechtsbehauptung zu verfechten, dafs sein Autor dennoch der wahre Autor sei.“ Sicherlich; und das auch dann, wenn sein Autor nicht „zu Unrecht“ des Autorrechts für verlustig

---

[1]) Übersehen, dafs Gaupp-Stein, Kommentar zur C.P.O. § 72 Bd. I. S. 198 es in der That bestreiten. Das „Ausscheiden“ ist kein Argument; vgl. C.P.O. § 73 [76]. Man erwäge doch die Folgerungen. Wenn keine Rechtskraft, dann ist erneute Klage des unterliegenden Prätendenten gegen den Schuldner mit der Folge der Verurteilung möglich. Wer annimmt, dafs beide Prätendenten abgewiesen werden können, Motive zur Novelle der C.P.O. § 72 [75], eine Annahme, die ich für unrichtig halte, setzt bei Negation der Rechtskraft den Schuldner dem erneuten Angriff beider aus. Damit wäre § 72 [75] zwecklos.

erklärt wurde; hierbei handelt es sich eben um das, was man die „rückwirkende Kraft" nennt, welcher Begriff F. unverständlich ist, und deshalb später (s. unter Nr. III, 1) noch eingehend erläutert werden mufs. Völlig [fehl] — — — geht der letzte Satz F.s in diesem Gedankenzusammenhange, S. 202 Nummer 4: „Ebenso kann derjenige, welcher sich einer Verletzung des Autorrechts schuldig gemacht hat, trotz jenes Urteils immer noch den Nachweis verlangen, dafs derjenige, der ihn in Anspruch nimmt, der wahre Autor sei." Auch dieses ist ganz selbstverständlich und wird gewifs von niemandem geleugnet werden; denn es ist immer noch die Frage offen, ob überhaupt ein Autorschutz existiert und ob er für diesen existiert; nicht offen ist allein die Frage inter partes, ob er zu Gunsten des vom Kläger besiegten Prätendenten existiert. Das ist rechtskräftig gegenüber dem besiegten Rivalen und damit auch für diesen Beklagten verneint.

8. Auf Seite [207] schafft sich F. einen Angriffspunkt gegen mich. Er referiert, dafs nach meiner Annahme zur Zeit der Vorprozesse festgestanden habe, die Eigentümer des fraglichen Bezirkes seien regalbelastet und zehntpflichtig gewesen und es habe sich nur gefragt, wem gegenüber sie es gewesen (oben S. 26); diese Frage sei endgültig zwischen den beiden Regalprätendenten zu entscheiden gewesen. Er hält mir entgegen: abgesehen davon, dafs dem Staate gegenüber eine Zehntpflicht in vollem Umfang nicht mehr bestanden, sei doch die Exemtion eines Bergwerks von jedem Regal möglich gewesen, und aufserdem der Regalstreit nur gegenüber e i n e m Prätendenten entschieden, und doch hätte noch ein zweiter, dritter, vierter auftreten können. Es ist aber von mir aufs schärfste betont worden, dass der gegenwärtige Streitpunkt sich um Exemtion und etwaige andere Prätendenten nicht dreht; es ist auch weder jene behauptet, noch hat die Klägerin ein anderweites Privatregal ins Feld geführt. Niemand hat solches für sich in Anspruch genommen (vgl. auch unten

Nr. III, 2). Daher sind diese Einwendungen aus der Luft gegriffen und nicht in lite. Sie bedeuten nichts, solange ihnen das thatsächliche Substrat fehlt. Und wie dem auch sei, die Verteidigung aus fremdem Regalrecht würde der Klägerin den Beweis seiner Existenz aufbürden; solange er nicht erbracht, ist sie ein windiger Angriff de iure tertii.

9. In derartigen Auseinandersetzungen mit — — — — [Einwürfen] F.s könnte noch länger fortgefahren werden, aber ohne Frucht. Es wird genügen, in der zusammenhängenden Kritik seines Gutachtens — Nummer II — das etwa in dieser Beziehung noch Erforderliche zu sagen. Nur ein Punkt mufs um seiner grofsen Bedeutung willen noch an dieser Stelle erledigt werden. Er betrifft die Art, wie F. den Beschlufs des Reichsgerichts vom 19. Dezember 1896, welcher abgedruckt ist in der Juristischen Wochenschrift, 1897, Seite 71 für sich verwertet. Dieser Beschlufs betrifft die Feststellung des Streitwertes in Sachen Henckel von Donnersmarck gegen den Fiskus im Bergwerkregalstreit. Wäre F.s Referat über seinen Inhalt richtig, so würde zwar aus ihm noch keineswegs folgen, dafs der höchste Gerichtshof in der Rechtskraftfrage den F.schen Standpunkt teilt oder einnehmen wird, allein es wäre immerhin die Annahme nahegelegt, dafs dem so sei. Und damit würde der F.schen Ausführung das Gewicht der höchsten Autorität in der Judikatur zu teil werden. — Nicht ohne Befremden nimmt man wahr, dafs F. den Inhalt des Beschlusses in sein direktes „Gegenteil verkehrt" hat. Er führt mit Anführungszeichen aus dem Beschlusse an: „Die Verurteilung des Fiskus (scilicet als Regalprätendenten) [1]) setzt die (privaten) Regalprätendenten

[1]) Diese wesentlichen in Parenthese gestellten Worte hat F.[2] S. 212 gestrichen, um dadurch dem Text meiner Ausführungen den Boden zu entziehen. Was S. 212 unten S. 213—216 verba „weiter im Besitz des Bergregals befunden hätte" gesagt wird, sind Zusätze zu F.[1] mit der Intention, dem Reichsgerichts-Beschlusse einen anderen Sinn unterzulegen, als er hat. Es kommt nicht darauf an, wie F. die Situation ansieht, sondern wie das Reichsgericht sie angesehen hat.

nicht in den Stand, ohne weiteres den Zehnten von den beteiligten Bergwerken zu erheben. Sie müfsten diesen erst gegen die Verpflichteten erstreiten.“ Er folgert, es habe daher das Reichsgericht den Zehntwert bei der Fortsetzung des Streitwertes nicht in Ansatz gebracht, und es habe daher ein Urteil in dem Prätendentenstreite keine Rechtskraft gegen den Bergwerkseigentümer, ja das sogar dann, wenn der als Regalprätendent verurteilte Fiskus als Bergwerkseigentümer das Regal bestreite. Ich wiederhole: das direkte Gegenteil steht im Beschlufs.

Das Reichsgericht unterscheidet:

a) die Vindikation des Regals gegen den unrechtmäfsigen Besitzer oder Prätendenten;

b) die konfessorische Klage gegen die regalunterworfenen Bergwerksbesitzer und

c) die konfessorische, zugleich negatorischen Charakter an sich tragende Klage gegen Dritte, die in das Regal widerrechtlich eingreifen, oder dasselbe, ohne es selbst für sich in Anspruch zu nehmen, dem Berechtigten streitig machen.

In allen drei Fällen sieht es im prätendierten Regal den Grund, aber nur im ersten Fall den Gegenstand des Anspruchs, also den Streitgegenstand. Nur in diesem Falle identifiziert es dessen Wert mit dem Wert des Bergregals oder den in ihm enthaltenen nutzbaren Rechten gemäfs C.P.O. § 6. In den anderen Fällen soll der Streitwert nach dem Vermögensinteresse des Klägers durch den Richter frei ermessend geschätzt werden. Es ist klar, dafs nur der Fall a) der Prätendentenstreit ist. Und nun sagt das Reichsgericht: „Im dritten Fall — und das ist der hier vorliegende — ist zu prüfen, welches Interesse der Kläger an der Abwehr eines widerrechtlichen Eingriffs oder an der Beseitigung eines der Ausübung des prätendierten Rechts entgegenstehenden

Hindernisses hat.“ Also ist der vom Reichsgericht entschiedene Fall nicht der Prätendentenstreit, sondern der Fall c), indem der angebliche Regalherr sich des widerrechtlichen Eingriffes oder der turbatio verbis erwehrt, die ausgeht von jemandem, der das Regal nicht für sich in Anspruch nimmt. Der höchste Gerichtshof deduziert weiter: Weil der Fiskus sich des Zehnten und der Bergwerksabgabe begeben habe, so könne er, obschon der Privatregalherr davon nicht betroffen sei, diese Rechte dem Kläger weder gewähren noch überlassen, und es würde daher die Verurteilung des Fiskus den Kläger nicht in den Stand setzen, den Zehnten von den beteiligten Bergwerken zu erheben. Sie würde nur ein der Geltendmachung des Zehntrechts entstehendes Hindernis beseitigen; dieses selbst wäre erst gegen die Verpflichteten zu erstreiten. Und nun tritt das Reichsgericht in die Schätzung des Interesses an der Beseitigung jenes Hindernisses ein.

F. hat also den Inhalt des reichsgerichtlichen Beschlusses auf den Kopf gestellt, indem er den Fiskus zum Regalprätendenten, den Prozefs zum Prätendentenstreit macht. Ich wiederhole, es handelt sich hier nicht um eine Kritik des R.G.-Beschlusses, sondern um seinen Inhalt. Und das ist um so schlimmer, als zur Zeit des Prozesses eigentlich gar nicht mehr von einem Staatsregal gesprochen werden konnte. Das Reichsgericht sagt ausdrücklich: „Aber der Fiskus kann dieses Recht (Zehntrecht), da er selbst nicht im Besitze desselben sich befindet, dem Kläger nicht gewähren noch überlassen.“ Abgesehen von der Schlufsfolgerung, die sich hieraus für die Akribie des hier kritisierten Gutachtens ergiebt, darf der Beschlufs des Reichsgerichts nach F.s Methode unmittelbar gegen ihn folgendermafsen verwendet werden. Würde der Streit ein Regalprätendentenstreit sein, so wäre der Streitwert gleich dem Werte des Bergregals oder der in ihm enthaltenen nutzbaren Rechte. Weil der Fiskus solche nutzbaren Rechte, m. a. W. das Regal, zur Zeit der Vorprozesse zwischen den Rechtsvorgängern des Grafen Tiele-Winckler und dem Fiskus gewähren bezw. überlassen konnte, so würde dessen Verurteilung seinen Gegner in den Stand gesetzt haben, ohne weiteres den Zehnten von den beteiligten Bergwerken zu erheben, ohne dafs dieser erst gegen die Verpflichteten hätte erstritten werden müssen. Das ist das direkte Gegenteil dessen, was F. meint. Aber wenn wir uns auch dieser Bestätigung der richtigen Ansicht erfreuen, so verkennen wir doch nicht, dafs sie nur nebenher ausgesprochen ist und uns des wissenschaftlichen Beweises derselben nicht überhebt. Unter Nr. III soll der Versuch gemacht werden, ihn, soweit er nicht schon durch das frühere Gutachten erbracht ist, zu vervollständigen.

II.

1. Eine Kritik des F.schen Gutachtens hat einzusetzen bei seiner methodischen Behandlung des Gegenstandes. Ich habe Seite 2 meines ersten Gutachtens den Ausgangspunkt genommen von der zweifellosen und unbestrittenen Thatsache, dafs das preufsische Recht eine Entscheidung der vorliegenden Frage nicht enthält, dafs aber dieses Schweigen nicht gleichbedeutend ist der Beschränkung der Rechtskraft auf die im Gesetz ausdrücklich genannten Fälle. Das Gesetz geht von dem Grundgedanken aus, dafs die res iudicata inter partes wirkt, aber es denkt nicht daran, dafs sie nur inter partes wirken solle. Vielmehr erkennt es ausdrücklich an, dafs die Rechtskraft gegenüber denjenigen Personen wirkt, welche an Stelle der Parteien treten, und hebt es ausdrücklich als von der Urteilswirkung betroffen den Erben und denjenigen hervor, dessen Gerechtsame von denen der Partei abhängen. (A.G.O. Einl. §§ 65, 66; I Titel 24 § 6 fg.) Wenn es im § 5, I 24 A.G.O. heifst: „Gegen einen Dritten hat dergleichen Urteil der Regel nach keine Wirkung,“ so ist damit nur das Regelmäfsige, Gewöhnliche ausgesprochen. Besondere Gründe müssen vorliegen, welche die Wirkung

„gegen einen Dritten“ rechtfertigen. Es kann nicht gefolgert werden, dafs, wo diese Wirkung vorliegt, eine Ausnahme von der Regel im Sinne der Singularität anzunehmen sei. Als solche wird nimmermehr die Ausdehnung der Rechtskraft auf Rechtsnachfolger und repräsentierte Dritte gedacht werden dürfen.

Es handelt sich, wie ich Seite 6 ausgesprochen, nicht um principwidrige Ausnahmen, sondern um Folgerungen des Rechtskraftsprincips, die nach den Regeln der Logik entsprechend der Natur der Sache zu ziehen sind. Nur wenn dieser Standpunkt richtig ist, ist die vorliegende Streitfrage diskutabel, nämlich in dem Sinne erörterungsfähig, ob die juristische Konsequenz, der Grundsatz der Analogie (A.L.R. Einl. § 49) die Ausdehnung der Rechtskraft des Urteils im Regalstreite auf den gegenwärtigen Prozefs zuläfst und fordert.

F. steht auf gegenteiligem Standpunkt, und sein erstes Bemühen ist, diesen zu begründen. Sein ganzes Gutachten kommt eigentlich immer wieder auf denselben Gedanken hinaus, dafs die Rechtskraft hier nicht wirke, weil im preufsischen Recht sich eine dafür zutreffende Bestimmung nicht findet und Ausdehnung unstatthaft sei. Das ist der methodische Grundfehler.

Es ist schon irrtümlich, dafs F. die Beschränkung der Rechtskraft auf die Parteien aus der möglichen Unrichtigkeit des Urteils deduziert. Diese Beschränkung ist, ganz unangesehen die Richtigkeit oder Unrichtigkeit, durch die Natur des Rechtsstreites bedingt. Die Rechtskraft selbst ist als ein Fundament der Rechtspflege schlechthin unentbehrlich. Und weiter ist es ein Verstofs gegen die einfachsten Grundsätze der Wissenschaft, insbesondere der Auslegungskunst, wenn zur Feststellung des Gesetzesinhaltes nicht auf die Ratio legis zurückgegangen und der Satz der Analogie als die selbstverständliche Regel von der Gleichheit des Grundes nicht gehandhabt wird. F. hat sich diese Gedankenoperation von vornherein dadurch unmöglich gemacht, dafs er die Ausdehnung der Rechtskraft auf Dritte als etwas Irrationelles behandelt, dafs er immer wieder betont, wie das Urteil nur gegen die Parteien wirke, und dafs nur positives Recht eine Durchbrechung dieses Principes gestatten könne. Er sagt wörtlich Seite 167: „Für eine mehr oder minder von dem Gefallen der einzelnen Interpreten abhängige Ausdehnung durch Analogie oder aus allgemeinen, aufserhalb des positiven Rechts entwickelten Principien ist hier kein Raum" —, wobei er freilich sogleich die Interpretation als willkürlich und die wissenschaftliche Erkenntnis der Rechtsprincipien als ein Suchen derselben aufserhalb des positiven Rechts verdächtigt. Man könnte sich versucht sehen, zu sagen, damit sei jeder wissenschaftlichen Forschung das Todesurteil gesprochen. Und wenn er fortfährt: „Mag man auch der Regel, dafs Ausnahmen strikte zu interpretieren seien, die ihr gewöhnlich beigelegte Allgemeingültigkeit bestreiten, in Fällen, wo es sich um Ausnahmen von einer durch die elementarsten Grundsätze der Gerechtigkeit geforderten Regel handelt, ist sie zweifellos berechtigt," so verkennt er gänzlich, dafs es sich nicht um Ausnahmen von den elementarsten Grundsätzen der Gerechtigkeit, nicht um „krasse Ungerechtigkeit", sondern um Folgerungen aus dem für die Gerechtigkeitspflege unentbehrlichen Principe der Rechtskraft handelt[1]). [Man möchte mit Donellus sagen: „Quam sententiam ut cetera

[1]) Ganz unzutreffend F.[2] S. 169, 234.: „Überdies fehlt die unentbehrlichste Voraussetzung der Anwendung der Rechtsanalogie, die Lücke im Gesetz, da eine deutliche Rechtsregel mit entgegenstehendem Inhalt vorhanden ist." Sie ist nicht vorhanden, wie der Text zeigt. Dafs ein Fall, wie der gegenwärtige, nicht im Gesetz entschieden, steht fest. Also ist er zu entscheiden „nach den Grundsätzen dieses Rechtsinstituts und deren innerem Zusammenhang" (A.L.R. her. v. Koch 3. Aufl. Einl. 249 Note 93). Dabei ist „die Heranziehung solcher Rechtsregeln, welche im Verhältnis zu anderen Regeln als Ausnahmen erscheinen, keineswegs unbedingt ausgeschlossen": F. Lehrbuch S. 23.

argumenta et omnia exempla in eam desint ipsa natura rerum a nobis extorquet][1]).

F. hat sich denn auch der zwingenden Kraft solcher Erwägungen nicht entziehen können. Er widerlegt sich selbst, indem er Rechtskraftwirkung gegenüber Dritten annimmt und als notwendig deduziert, wo das Gesetz sie nicht vorschreibt. Seine Darstellung des preufsischen Rechts ist im wesentlichen nur eine Wiederholung dessen, was er in seinem auch von mir angeführten Lehrbuch § 130 gegeben hat.

Dort findet sich S. 735 nach der Bemerkung, dafs nur ausnahmsweise das Urteil über die Parteien und deren Rechtsnachfolger hinaus auch für und gegen Dritte wirke, und dafs im geltenden preufsischen Recht es nur eine einzige positive Bestimmung gebe, welche derartige Ausdehnung statuiere, der Satz: „Gleichwohl ist diese Wirkung für einzelne andere Fälle anzunehmen, weil sie aus der Natur der Sache folgt.“ Und nun wird für die erweiterte Rechtskraft in Statussachen und Erbschaftsprätendentenstreitigkeiten die Konsequenz aus der Natur der Sache gezogen; so auch im Gutachten S. 180 betreffs ersterer. Und auf S. 170 desselben wird die Rechtskraftwirkung bei Repräsentationsverhältnissen angenommen, von denen F. selbst sagt, dafs die A.G.O. ihrer nicht besonders gedenke, weil sie erst in neuester Zeit in ihrer Eigenart klar erkannt worden seien. Er subsumiert hier eine Reihe von Fällen, in denen nach seiner Ansicht nicht eine Stellvertretung im eigentlichen Sinne vorliegt, auch keine Succession, vielmehr der Prozessierende im eigenen Namen streitet, aber vermöge seiner Befugnis zur Verfügung und Repräsentation hinsichtlich fremder Rechte das Urteil für und wider ihn gegen Dritte wirkt. Er sagt: „Es liegt aber durchaus im Sinne der §§ 65 u. 66 Einl. A.G.O., unter den Parteien bezw. Gegnern wie die Vertretenen im eigent-

[1]) S. unten Exkurs.

lichen Sinne so auch die durch einen im eigenen Namen prozessierenden Repräsentanten dargestellten Personen zu verstehen.“ Da es hier nach F. sich sogar um die Repräsentation hinsichtlich „fremder Rechte“, also nicht fremder Personen dreht, so deduziert er offenbar auf dem Wege der Analogie, aus der ratio legis oder, wie er sagt, „aus dem Sinne“. — Auf noch andere Analogieschlüsse F.s komme ich später. — Demnach wird es trotz der energischen Ablehnung F.s nach der von ihm selbst gehandhabten Methode gestattet sein, bei der Frage nach der Wirkung der Rechtskraft gegenüber Dritten aus der „Natur der Sache“ zu deduzieren. Und was hier gestattet ist, ist zugleich notwendig. Die gesamte Behandlung der subjektiven Grenze der Rechtskraft in Litteratur und Rechtsprechung auf Grund irgend eines der positiven Rechte zeigt, dafs die hier vertretene Auffassung überall als die richtige anerkannt und gehandhabt wird. Dafür mag es genügen, auf die [Ausbildung der Rechtskraftslehre im Verwaltungsrecht speciell in Preufsen und die] gemeinrechtliche Wissenschaft und die Behandlung des französischen Rechtes zu verweisen. Soweit es sich hierbei um Deduktionen aus der Natur der Sache handelt, kann nur die Richtigkeit derselben beanstandet, dagegen nicht behauptet werden, dafs sie deshalb, weil sie auf gemeinrechtlichem oder französischrechtlichem Gebiete entwickelt sind, für den preufsischen Juristen bedeutungslos seien: — eine Anschauung, die mehrfach in F.s Gutachten zu Tage tritt[1].

---

[1]) In diesem Stück hat F.² seine Haltung völlig verändert, indem mit Vorliebe auf römisches, gemeines Recht eingegangen wird, freilich ohne in Beziehung darauf Neues zu bringen. Bezüglich des gemeinen Rechts heifst es S. 235: „Die ältere Litteratur hat nur dogmengeschichtliches Interesse, da ein bis in die Gegenwart fortbestehendes Gewohnheitsrecht keinesfalls zu erweisen ist.“ Von solchem ist gar keine Rede. Dagegen hat die ältere Litteratur, die allerdings F., wie sich zeigen wird, sehr unbequem ist, nicht nur dogmengeschichtliches, sondern vor allem das Interesse, uns auf die Unzulänglichkeit der unsrigen hinzuweisen. Wie schon in der Vorrede und anderweit betont, ist unsere neuere Litteratur auf diesem Gebiete eine

[Obschon das preufsische Gesetz die Rechtskraft der verwaltungsgerichtlichen Erkenntnisse nicht ausspricht, hat man dieselbe theoretisch und praktisch nach der Analogie der Civilrechtspflege der Eigenart entsprechend entwickelt [1].]

Zur Kritik der Methode ist die vergleichsweise Heranziehung des französischen Rechts besonders belehrend, weil in demselben einerseits eine strenge gesetzliche Regelung der Rechtskraft auch nach der subjektiven Seite hin besteht, andererseits eine sehr ins einzelne gehende Behandlung der Fälle ausgedehnter Rechtskraftwirkung in Judikatur und Wissenschaft zu finden ist, deren wir in gleichem Mafse für das gemeine und partikuläre Recht Deutschlands entbehren. Der art. 1351 C. c. fordert als Bedingung der Rechtskraftwirkung, dafs der zweite Prozefs (genauer: Anspruch) „zwischen denselben Parteien" in gleicher juristischer Qualität verhandelt wird wie der Vorprozefs. Dieser Bestimmung folgt nicht, wie im preufsischen Recht, eine Ausnahme im Code civil selbst; auch ist ihr nur in ganz vereinzelten Fällen — wie z. B. im Patentgesetz v. 1844, art. 37 — durch ausdrückliche gesetzliche Vorschrift derogiert. Einer Herübernahme gemeinrechtlicher Grundsätze steht die ausdrückliche Unterdrückung derselben für das Gebiet des Code entgegen. Trotzdem ist es weder einem Schriftsteller, noch einem Gerichtshof eingefallen, jede Ausdehnung der Rechtskraft über „dieselben Parteien" hinaus als Ausnahme vom allein gerechten, durch das Gesetz

---

durchaus unzureichende. Sie kann bei der älteren und ausländischen erfolgreich in die Schule gehen. — Das römische Recht hat für die Lehre der Rechtskraft eine viel geringere Bedeutung, als man ihm gern beimifst. Durch den Fortfall des Konsumtionsprincips, die veränderte formelle Rechtskraft, durch die civilistische Rechtsentwickelung erweisen sich die römischen Rechtssätze vielfach als unpraktikabel; so selbstverständlich bei einer Rechtsfrage wie der hier zu entscheidenden. Daher wirkt es eigentümlich, wenn F.[2] S. 148 erklärt: „Wenn römisches Recht in Anwendung käme", würde dieser Streit in seinem Sinn entschieden werden müssen.

[1]) Vgl. dazu die treffliche Abhandlung von E. Löning „Die Rechtskraft verwaltungsgerichtlicher Urteile" im Verwaltungsarchiv Bd. VII S. 1 fg.

sanktionierten Prinzip von der Hand zu weisen. Vielmehr haben sich Praxis und Theorie bemüht, die von ihr anerkannten Ausdehnungen der Rechtskraft in subjektiver Beziehung methodisch als im Prinzip liegende und mit dem Prinzip im Gesetz ausgesprochene Ausnahmen zu rechtfertigen [1]).

Einige Beispiele mögen angeführt werden, nicht um die Anwendung gleicher Grundsätze im deutschen Recht für den entsprechenden Fall zu behaupten oder zu empfehlen — was sich schon durch die durchgreifende Verschiedenheit der prozessualischen Form für die Geltendmachung der Rechtskraftwirkung verbietet [2]) —, sondern um zu zeigen, dafs die Praxis ebenso-

---

[1]) Die Sätze, in denen F². auf das französische Recht Bezug nimmt — S. 162, 166, 167 Anm. 1, 183 Anm. 1, 201, 202, 235, 247 u. 248 — sind dem Gutachten sämtlich neu hinzugefügt, und demnach wohl auf die in den Textausführungen gegebene Anregung zurückzuführen. Indessen mufs betont werden, dafs F. insbesondere im Resumé seiner Abhandlung S. 248 in methodisch ganz anderer Weise auf das französische Recht exemplifiziert, als dies in meinem Gutachten gegeben war. Mir kam es darauf an, zu zeigen, dafs die sehr strenge Vorschrift des art. 1351 l. c. eine freie Bestimmung der Fälle, in denen die Rechtskraft über die Parteien hinaus wirkt, durch Theorie und Praxis nicht hat hindern können. Der art. 1351 l. c. würde, wenn die französische Praxis auf dem Standpunkt stünde, dafs nur nach ausdrücklicher gesetzlicher Vorschrift eine Erstreckung der Rechtskraft als Ausnahme von der Regel anzunehmen sei, sogar den Rechtsnachfolger und Mandatar aufserhalb der Rechtskraftwirkung des Autoren- oder Mandanten-Urteils stellen. Derartiges zu behaupten, ist nie einem französischen Juristen eingefallen. Ich selbst nehme zu dem referierten französischen Rechtszustand keinerlei kritische Stellung ein.

Etwas anderes ist es, wenn F. behauptet, dafs die Anwendung französischen Rechts auf den begutachteten Fall zu dem von ihm verteidigten Ergebnis führen müsse. Eine solche Anwendung wäre überhaupt nur dann möglich, wenn in diesem Recht ein gleicher Prozefsstoff, ein Rechtsverhältnis der gleichen Art wie das zwischen Fiskus, Privatregalherrn und Bergeignern denkbar wäre. Das ist hier ebensowenig möglich wie im römischen Recht.

[2]) F². spricht neuerdings auf Seite 167 Anm. 1 und Seite 235 von der tierce opposition, deren enger Zusammenhang mit der Lehre von den subjektiven Grenzen der Rechtskraft anerkannt ist, und die er als „notwendige Ergänzung jeder Erstreckung der Rechtskraft" bezeichnet. Da sie oder eine ähnliche Möglichkeit im deutschen Recht fehle, so müsse man es auch mit der Erstreckung der Rechtskraft um so peinlicher nehmen.

wenig wie die Wissenschaft sich bei der strikten Beschränkung der Rechtskraftwirkung auf die Parteien beruhigen kann; sie

(S. 167. Auf Seite 235 ist davon die Rede, dafs durch die tierce opposition eine Neigung, die Rechtskraft auf Dritte auszudehnen, „unschädlich gemacht“ werden könne.) In dieser Weise könnte man aber von der tierce opposition doch nur dann sprechen, wenn sie ein Rechtsmittel für den von der Rechtskraft betroffenen Dritten wäre. Das ist sie nicht; im Gegenteil, nur derjenige Dritte, welcher nicht von der Rechtskraft betroffen wird, ist zur Opposition berechtigt; der von der Rechtskraft Betroffene ist, wenn er die tierce opposition einlegen will, a limine wegen mangelnder Legitimation abzuweisen. Das ist einer der wenigen Punkte der Lehre von der tierce opposition, welche nicht kontrovers sind. Schon Proudhon, Traité de l'usufruit n. 1311 sagt: „Il faut que le tiers opposant n'a été cité ou acteur dans la cause, ni par lui-même ni dans la personne d'un autre qui ait eu le droit de le représenter ou d'être contradicteur légitime pour lui.“ Daher steht eine fin de non-recevoir entgegen der tierce opposition des Mandanten, des héritier apparent, des Solidarschuldners und Bürgen, sofern ihm nicht persönliche Einreden zustehen, und ebenso jedes von der Rechtskraft betroffenen Dritten. Proudhon l. c. n. 1312 fg., 1319, 1321, 1324 und 1326—1353. So sagt Tissier, Théorie et pratique de la tierce opposition S. 156, n. 88, man müsse, um die tierce opposition einlegen zu können, nachweisen, dafs man weder direkt, noch indirekt Partei gewesen sei, und führt das auf Seite 64 u. 95 des näheren dahin aus, dafs man, will man tierce opposition einlegen, nicht durch das Urteil gebunden, nicht der Rechtskraftwirkung desselben unterworfen sein darf. So sagt Galluppi in seiner erschöpfenden Monographie (Teoria della Opposizione del terzo, Turin 1895) S. 153 n. 99, nur der wirkliche dritte, der „rimasto del tutto estraneo al giudizio“, könne die opposizione del terzo einlegen, dagegen stehe sie den durch eine Partei im Prozefs Repräsentierten nicht zu; er führt weiter aus, dafs nicht nur der Mandatar im engen Sinn den Mandanten, der Autor den Rechtsnachfolger, der Schuldner seine Gläubiger im Prozefs repräsentiere, sondern dafs auch im Verhältnis des Testators und seiner Erben zu den Legataren und des Vermieters zum Mieter ein Recht zu prozessualischer Vertretung mit der Folge des Eintritts der Rechtskraftwirkung und des Ausschlusses der tierce opposition gegeben sei (Galluppi op. cit. S. 263—267 u. 184 fg.). Und wo die Praxis in der Erstreckung der Rechtskraft weiter geht als Galluppi, wie z. B. die Corte suprema di Roma mit der Annahme der Wirkung des Urteils im Servitutprozefs eines Miteigentümers auf den Anderen (Urt. v. 6. Mai 1889, Foro italiano XIV 988), da wird diesem die tierce opposition versagt, während sie wegen des thatsächlichen préjudice, das jedenfalls für ihn im Urteil liegt, zuzugestehen wäre, sobald man die Rechtskraftwirkung leugnete. Dafs sich Erstreckung der Rechtskraftwirkung und Recht zur tierce opposition nicht ergänzen, sondern ausschliefsen, zeigt sich am deutlichsten bei den Urteilen, welche inter omnes rechtskräftig werden, wie dem Separationsurteil, dem Urteil über Nichtigkann es selbst dann nicht, wenn, wie im französischen Recht, der Gesetzgeber die Ausdehnung ausdrücklich hat ausschliefsen wollen. Immerhin sollen Beispiele gewählt werden, an denen zugleich die Stellung des französischen Rechts zu den leitenden Prinzipien klar [wird, welche die Erweiterung der Rechtskraft bestimmen.

a) Es ist allgemein anerkannt, dafs da, wo eine aus positiver gesetzlicher Vorschrift oder aus der Natur der Sache folgende ausschliefsliche Legitimation einer bestimmten Person zur prozessualen Geltendmachung oder Verteidigung eines Rechts besteht, wo m. a. W. ein solus legitimus contradictor ist, das Urteil im Prozefs dieser Person Rechtskraft inter omnes macht. [Diese Schlufsfolgerung wird gezogen für Statusstreitigkeiten, obschon der Code der Rechtskraft bei denselben nicht gedenkt, von:]

Demolombe, Cours de Code Napoléon Bd. 30 S. 223 (n. 321 [1]).

Duranton, Cours de droit français, Bd. 3 n. 102 u. 161 [2]).

Toullier, Droit civil français (6. Auflage) Bd. 10 S. 293 ff. (n. 216 ff.).

Balliu, De re iudicata (Gent 1821 S. 33 u. 34 [3]).

---

keit einer Ehe wegen Mangels des Konsenses, dem Urteil über Legitimität gegen den Vater, von den Jugements constitutifs de l'état ganz abgesehen. Gegen solche Urteile giebt es keine tierce opposition (Galluppi S. 106 fg., Tissier n. 76 fg. S. 134 ff., Amigues, de la tierce opposition Paris 1886] S. 144 u. 145). Damit erledigen sich die Folgerungen, welche F. aus der falschen Prämisse, dafs die tierce opposition sich korrektiv ergänzend zu den Erstreckungen der Rechtskraft verhalte, gezogen hat.

[1]) Demolombe spricht von „théorie célèbre, consacrée par le temps et par les plus respectables traditions“ und schliefst seine Ausführungen mit dem Wunsche nach gesetzlicher Bestimmung des legitimus contradictor.

[2]) Duranton: „L'autorité de la chose jugée n'a lieu qu'entre les mêmes parties ou leurs héritiers, encore qu'il s'agisse d'une question d'état lorsque le jugement n'a pas été rendu avec le contradicteur principal et légitime, or, s'il y en a plusieurs, avec tous.“

[3]) An dieses Citat knüpft F². auf S. 162 der Abhandlung an und nennt Balliu S. 26 als Vertreter einer streng relativen Rechtskraftwirkung. Balliu stellt allerdings als drittes Requisit der Rechtskraftwirkung das

Proudhon, Traité de l'état des personnes (3. Auflage 1848) Bd. 2 S. 109 f.[1]).

Rodière, De la solidarité (Paris 1852) S. 321 n. 401[2]).

Allard, Étude sur la chose jugée (Paris 1875) S. 317.

Mariano, De l'autorité de la chose jugée (Genf 1876) Seite 81.

Lai, Dell'identità di persona per gli effetti della cosa giudicata (Cagliari 1878) S. 118 § 145.

Urteile des Kassationshofs v. 6. Juli 1836 (Sirey 36 I 633) u. v. 3. Januar 1866 (Sir. 66 I 89.)

[Aber die französische Litteratur und Praxis verwendet den Gedanken in weiterem Umfang[3]).]

Postulat: „ut sint eaedem personae" auf; aber er fährt sogleich fort: „Non tamen requiritur ad opponendam exceptionem rei iudicatae ut personae naturai liter eaedem sint, satis est si civiliter tales habeantur. Atque generatim mihi videntur civiliter eaedem personae esse tam hi qui iudicio steterunt, quam tertii quorum interest et quibus nihilominus intercessio non concessa est."

[1]) Proudhon-Valette II S. 110: „Il faut observer que lorsque la question d'état a été jugée entre l'enfant et le père et que celui- ci a été condamné, sans collusion de sa part, toute autre personne devient non recevable à critiquer de nouveau l'état de l'enfant, parce que le père est contradicteur légitime pour débattre et faire prononcer sur les droits de filiation revendiqués contre lui." Dazu ist zu bemerken, dafs Proudhon ausdrücklich jeden andern, etwa aus der besondern Natur der Statusverhältnisse abgeleiteten, Grund für die Ausdehnung der Rechtskraft zurückweist.

[2]) Rodière: „Si une personne par exemple a réclamé directement et principalement son état contre toutes celles qui pouvaient alors avoir intérêt à le contester, avec les contradicteurs légitimes, pour employer l'expression usitée, nous ne pensons pas, soit qu'elle réussisse, soit qu'elle succombe, que la question puisse être agitée de nouveau même vis-à-vis d'autres personnes."

[3]) Eine ausschliefsliche Legitimation unter der Formel, eine Person habe seule qualité pour défendre un droit, mit der Folge der Rechtskraft des Urteils gegen andere nicht mit dieser qualité Begabte findet sich in dem von Dalloz, Répertoire v. Tierce Opposition n. 176 mitgeteilten Urteil, Rennes v. 23. Dez. 1812: Wenn zwischen dem propriétaire und einem Eigentumsprätendenten über das Eigentum geurteilt ist, so wirkt das Urteil gegen den Usufruktuar, Mieter, Pächter, weil der nu propriétaire zum Eigentumsprozefs eine den Usufruktuar etc. ausschliefsende Legitimation hat.

Mehrere Schriftsteller behaupten ferner, das im Prozefs einer Person mit einem sein Mandat überschreitenden Mandatar oder einem ohne Mandat im Interesse eines anderen über dessen Recht prozessierenden Gestor

b) Die Theorie vom legitimus contradictor in dieser Form, in Verbindung mit der analogen Anwendung der Vorschriften über Wirkung von Kontrakten auf Dritte für die Urteilswirkung, bestimmt die Rechtskraft des Schuldnerurteils im Verhältnis zum (dritten) Gläubiger. Auf die erwähnte Analogie ist die Wirkung des Schuldnerurteils auf die Chirographar-Gläubiger gegründet:

Urteile des Kassationshofs v. 13. April 1841 (Sirey 41 I 552), 8. Juli 1850 (Sirey 51 I 38), 5. Nov. 1862 (Sir. 65 I 261), 30. März 1875 (Sirey 75 I 341).
Demolombe, a. a. O. S. 340.
Laurent, Principes de droit civil Bd. 20 S. 128/9.
Larombière, Obligations (2. Aufl. 1885) Bd. 7 S. 127/8.
Lacoste, De la chose jugée (Par. 1894) S. 163 ff.

Aber diese Rechtskraftwirkung, die ohne Rücksicht auf den Zeitpunkt der Entstehung des Gläubigerrechts eintritt, entsteht nicht, wenn der Schuldner für das fragliche, im Vorprozeſs entschiedene Rechtsverhältnis nicht der legitimus contradictor war, wenn dasselbe vielmehr ein persönliches Recht des

(Usufruktuar, Putativbesitzer) für den Mandatar oder Gestor ergangene Urteil werde rechtskräftig zu Gunsten des Mandanten und dessen, für den der Gestor prozessiert hat, weil der mit dem Gestor, z. B. dem Putativbesitzer, über das Eigentum Prozessierende seinen Gegner als richtigen Contradictor anerkannt habe, und die Rechtskraftwirkung zu Gunsten des wirklichen Eigentümers als Folge dieses Prozessierens mit dem richtigen Contradictor tragen muſs. So Lacoste n. 572 vom „mandataire qui a excédé son mandat“: „Si le tiers a plaidé avec lui, le mandant pourra invoquer le jugement rendu en faveur du mandataire: car le tiers ayant choisi ou accepté le mandataire comme contradicteur doit subir les conséquences de la situation qu'il a créé lui-même.“ Lai § 86 S. 75 begründet die Wirkung des dem Putativbesitzer günstigen Urteils für den Eigentümer mit der „considerazione che colui che è stato vinto, ha ritenuto l'altro contendente come vero e legittimo contradittore, quantunque non avesse qualità per sostenere il giudizio, e deve quindi subire le conseguenze di quel fatto da lui accettato.“ Ebenso, auch für den Usufruktuar Larombière ad art. 1351 n. 101 fg.; Marcadé, Explication théorique et pratique du Code Napoléon, 6. Aufl. 1868 ad art. 1351 n. XIII. Über den „contradicteur légal“ bei Popularklage vgl. die Urteile des Kassationshofs v. 14. April 1875 (Sir. 75 I 277) und 21. Mai 1890 (Sir. 1892 I 278) und die Note in Sirey 82 I 784.

Gläubigers gegenüber dem Prozeſsgegner des Schuldners enthält:

Bonnier-Larnaude, Traité des preuves (5 Aufl.) Bd. 2 S. 723 Anm.

Urteile des Kassationshofs vom 8. Dezember 1852 und vom 16. November 1874 (Sirey 75 I 65), v. 23. Mai 1882 (Sirey 83 I 97), 25. Oktober 1893 (Sirey 1894 I 228) u. 6. Febr. 1895 (Sirey 1895 I 229).

Umgekehrt ist das Verhältnis von Kontrakts-Analogie und Contradictor-Theorie bei der Rechtskraftwirkung des Schuldnerurteils auf die Hypothekengläubiger (und zwar in dem allein interessierenden Fall, daſs die Hypothek vor dem Urteil bestellt ist). Die 'Analogie aus der Wirkung eines Kontrakts gegen Dritte schlägt hier nicht durch; es ist zugegeben, daſs der Schuldner durch eine Veräuſserung nach Bestellung der Hypothek die Gläubiger nicht binden könnte. Auf Grund des Gedankens aber, daſs der Schuldner, dem durch die Bestellung der Hypothek das Eigentum nicht entzogen wird, für den Eigentumsstreit legitimus contradictor ist und bleibt, nimmt der Kassationshof

Urteile vom 26. Mai 1841 (Sirey 41 I 749), 13. Dez. 1864 (Sirey 65 I 27), 15. Juli 1869 (Sirey 69I 456), 8. Jan. 1883 (Sirey 83 I 116).

in Übereinstimmung mit Autoritäten, wie

Merlin, Questions de droit v. Opposition tierce § 2 n. 6.
Proudhon, l'Usufruit Bd. 3 n. 1300 fg.
Carré, Lois de la procédure Bd. 2 qu. 1715.
Larombière, a. a. O. Bd. 7 S. 129 fg.,

an, daſs Urteile des Schuldners im Prozeſs mit Dritten über das Eigentum an der verpfändeten Sache auf die Hypothekengläubiger wirken. Der Gläubiger, dem das Urteil opponiert wird, muſs darthun, dasselbe beziehe sich nicht auf die Zeit, in der ihm die Hypothek bestellt worden, wenn er sich der Deklaration des Urteils über das Eigentum seines Schuldners entziehen will: dabei können sich die Vertreter dieser Ansicht auf die gröſste Autorität im Obligationenrecht, Pothier, berufen.

Pothier, Traité des Obligations n. 905.

[Die vorherrschende neuere Doktrin lehnt das ab.]

c) Zum dritten sei angeführt, daſs das Urteil zwischen zwei Eigentums-Prätendenten auf den Dritten (Besitzer) wirkt, derart, daſs diesen, wenn er vom obsiegenden Prätendenten mit der Vindikation auf Grund des Urteils belangt wird, die Last des Gegenbeweises trifft.

Bonnier, a. a. O. Bd. II S. 718 [1]).

Demolombe, a. a. O. Bd. XXIX S. 256; Bd. XXX S. 355 [2]).

Guyho in der Revue pratique v. 1872 S. 135 fg.

Urteile des Kassationshofs v. 27. Dez. 1865 (Journal du Palais 1866 S. 530) u. 13. Juli 1870 (Sirey 70 I S. 397) und öfter.

Eine eigentliche Rechtskraftwirkung liegt da nicht vor, aber nahe Verwandtes; und die Gegner pflegen dieser Ansicht Verletzung des art. 1351 Code civil vorzuwerfen, während die Anhänger sich auf Analogie zwischen Urteil und andern Erwerbstiteln stützen.

Schlieſslich mag bemerkt werden, daſs die Anschauungsweise F.s in der französischen Litteratur nicht ohne Beispiel ist. Rodière a. a. O. S. 399 führt aus, zu seiner im Gegensatz zur herrschenden Meinung streng restriktiven Auslegung des art. 1351 C. c. habe ihn die Überlegung gebracht, daſs die praesumptio veritatis der rechtskräftigen Feststellung doch

---

[1]) Bonnier: Das Urteil über droit réel „fait foi à l'égard de ceux qui n'y ont point été parties, sauf à eux à faire la preuve contraire".

[2]) Demolombe: „en ce qui concerne la preuve ou comme on dit, l'établissement de la propriété, les jugements, quoiqu'ils ne soient alors aussi que déclaratifs, produisent comme les conventions, leur effet, prima facie, envers et contre tous."

Dasselbe sagt Garsonnet in der von F². S. 201 Anm. 1 citierten Stelle. In F.s Citat findet sich ein sinnstörender Druckfehler; statt „quiconque n'y a pas été admis à prouver", was überhaupt keinen Sinn giebt, ist zu lesen: „quiconque n'y a pas été partie est admis à prouver" u. s. w.

sehr häufig lügnerisch (mensongère) sei —, und weiter, dafs man i. A. oft unbedenklich als Vertreter Dritter beim Urteil gelten könne, wenn es günstig ist, dafs aber eine Rechtskraftwirkung des ungünstigen Urteils im entsprechenden Fall viel seltener angenommen werden könne. —

Aber gerade, dafs diese beiden grundsätzlichen Gedankengänge im französischen Recht nicht vollständig unbekannt geblieben, sondern vereinzelt ausgesprochen worden sind, macht den Gegensatz, in dem sie zur herrschenden und praktischen Methode und Handhabung der Rechtskraftlehre stehen, recht scharf deutlich [1]).

2. F. zieht die Summe seiner Polemik gegen mich in § 7 seines Gutachtens. Es wird darauf unten unter Nr. III näher einzugehen sein. Hier nur folgendes: Er erhebt gegen mich den Vorwurf, dafs ich bei der Zusammenstellung und Verwertung des Materials an gesetzlichen Bestimmungen, Entscheidungen und Ansichten von Schriftstellern einen dreifachen Fehler begehe, und fügt vier Nummern an, wonach es sich also eigentlich um einen vierfachen Fehler handelt:

(1.) soll nicht unterschieden sein, ob die Rechtssätze für das Gebiet des preufsischen Rechts Geltung haben oder nicht,

(2.) sei das preufsische Recht unvollkommen und unrichtig mitgeteilt, vor allem § 258 I 18 A.L.R. in sein Gegenteil verkehrt,

(3.) es seien wirkliche oder vermeintliche Sätze des preufsischen Rechts über die Rechtskraft zu

---

[1]) Den Äufserungen der von F^2. S. 184 aufgeführten ungenannten Gewährsmänner, welche den Eindruck erwecken könnten, dafs im französischen Recht Erstreckungen der Rechtskraft als streng perhorreszierte Singularitäten gälten, stellen wir das Urteil eines eifrigen Verfechters der Relativität entgegen: Valette, in der Revue Foelix 1844 S. 28: „Il semble qu'on n'admette qu' à grande peine et comme à regret cette proposition élémentaire: qu'en matière civile la vérité judiciaire n'est qu'une vérité relative et non une vérité absolue.“

Gunsten dritter in Sätze für die Rechtskraft gegen Dritte verwandelt,

(4.) es sei nicht gehörig beachtet, ob der Dritte, gegen den das Urteil wirke, zum Verfahren zugezogen war oder nicht [1]).

An anderer Stelle findet sich dann noch ein ähnliches Monitum: es seien unrichtig meine beiden Annahmen, dafs in dieser Materie auch künftig das Landesrecht ergänzend eintrete und sodann, dafs das Ziehen der Rechtskraftgrenze der Wissenschaft überlassen bleibe. Sie habe die Grenze lediglich aus dem positiven Reichsrecht zu entnehmen, welches eine deutliche Grenzbestimmung enthalte [2]). Das Letztgesagte verstöfst gegen meine Seite 3 gegebene Ausführung. Ich habe erklärt, dafs auch in der Zukunft die Wissenschaft die Rechtskraftgrenze folgerichtig zu ziehen habe, das heifst nach den Regeln der Interpretation aus positivem Recht. Was dieses anbetrifft, so irrt F., wenn er glaubt, dafs durch die Novelle zur C.P.O. vom 17. Mai 1898 und das E.G. zu derselben die subjektive Beziehung der Rechtskraft fernerhin ausschliefslich reichsrechtliche Materie geworden sei, und daher Landesrecht nicht mehr ergänzend eintreten könne. Die subjektive Beziehung des Rechtskraft ist neuerdings in der Novelle für gewisse Materien geregelt; aber sie ist an sich nicht prozefsrechtlich [3]). Wäre dem so, so würden schon längst durch das E.G. zur C.P.O. § 14 alle Landesgesetze über diesen Punkt aufgehoben und ausgeschlossen sein, soweit sie die bürgerlichen Rechtsstreitigkeiten vor ordentlichen Gerichten betreffen. Denn § 14 sagt: „Die prozefsrechtlichen Vorschriften der Landesgesetze treten für alle bürgerlichen Rechtsstreitigkeiten, deren Entscheidung in Gemäfsheit des § 3 nach den Vorschriften der

[1]) Dieses Sündenregister ist in F.[2] S. 234 gestrichen.

[2]) In F.[2] S. 230 fortgelassen und durch längere Ausführung ersetzt, welche bezwecken, den Text zu widerlegen.

[3]) Vgl. hierüber mein Handbuch des deutschen Civilprozefsrechts Bd. I S. 128.

C.P.O. zu erfolgen hat, aufser Kraft, soweit nicht in der C.P.O. auf sie verwiesen, oder soweit nicht bestimmt ist, dafs sie nicht berührt werden." Zu den ausdrücklich aufrecht erhaltenen oder durch Verweisung konservierten Landesgesetzen zählten aber die über die subjektive Grenze der Rechtskraft nicht; also wären sie, wenn prozefsrechtlicher Natur, schon am 1. Oktober 1879 beseitigt, obschon die C.P.O. sich mit dem Gegenstand nicht beschäftigte. Dafs die Novelle zu diesem Gesetz einzelne Bestimmungen über den subjektiven Umfang der Rechtskraft hinzufügt, hat grundsätzlich nichts geändert[1]). Es sind eben civilistische Regeln, wie das auch sonst mehrfach der Fall, in die C.P.O. aufgenommen. Für die nach dem neuen Reichsrecht der Landesgesetzgebung überlassenen civilistischen Materien wird es daher, soweit nicht ausdrücklich anderes bestimmt ist, auch fernerhin dem Landesgesetze überlassen bleiben, die subjektiven Grenzen der Rechtskraft zu bestimmen. Es mag genügen, dafür ein Beispiel anzuführen: die Materie der Familienfideikommisse, Lehen- und Stammgüter. Was F. aus dem neuen Reichsrecht beibringt, kann auf sich beruhen. Unsere Frage wird durch dieses ebensowenig entschieden, wie andere Fragen über den Umfang der Rechtskraft, z. B. über das, was eadem quaestio, derselbe Anspruch sei[2]).

Ähnlich wie mit diesem haltlosen Vorwurf steht es mit den oben unter Nr. 1—4 mir zur Last gelegten Fehlern. Bereits im Eingang (I Nr. 1) habe ich mich über die Unterstellung, den § 258 I 18 A.L.R. in sein Gegenteil verkehrt zu haben, genugsam geäufsert. Inwiefern sonst preufsisches Recht unrichtig mitgeteilt sein soll, ist aus F.s Gutachten

---

[1]) Solche fanden sich bereits z. B. in § 73 Abs. 3 a. f. § 236 Abs. 3.

[2]) Das von F.[2] zusätzlich S. 230 f. Ausgeführte überzeugt nicht. Schon der Umstand, dafs sowohl B.G.B. (z. B. §§ 425, 429) wie C.P.O. von der persönlichen Grenze der Rechtskraft handeln, beweist, dafs es unthunlich ist, diese Materie als spezifisch prozessualisch infolge ihrer Lokalisierung zu behandeln.

nicht ersichtlich; denn Meinungsverschiedenheiten über die Auslegung haben hiermit nichts zu thun. Auf eine Vollständigkeit der Wiedergabe preufsischen Rechts kam es mir nicht an und konnte es mir nicht ankommen, da ich von vornherein eingeräumt habe, dafs das preufsische Recht unseren Fall nicht entscheidet. Bestimmungen, die meiner Deduktion entgegenstehen, hat F. nicht anzuführen vermocht. Doch mag gegenüber seiner Art der Polemik hier nach dem Gesetz der Reciprocität betont werden, dafs er, der die Vollständigkeit für seine Ausführungen in Anspruch nimmt, keineswegs vollständig ist. So hat er den schon oben unter I Nummer 5 angeführten § 237 der preufsischen K.O. ignoriert; und so hat er die vom Reichsgericht (Bolze XIV 611d) ausgesprochene und zweifellos richtige Auslegung des § 258 I 18 A.L.R., wonach die Rechtskraft im Vasallenprozefs gegen die Lehnsnachfolger wirkt, obschon sie nicht zugezogen sind, beiseite gelassen, während er von der gegenteiligen Annahme aus mich bekämpft. Hiermit und mit dem unter II 1 Gesagten erledigt sich Nummer 1. F. argumentiert aus dem Buchstaben des preufsischen Rechts, ich suche aus der Natur der Sache zu deduzieren, dafs ich aber für nichtpreufsische Rechtssätze Geltung zur fraglichen Zeit in Preufsen behauptet hätte, wird F. nicht darthun können. Die angeblichen Fehler unter Nummer 3 und 4 erscheinen F. als solche lediglich von seiner Rechtskraftstheorie aus. Hiermit werde ich mich im dritten Abschnitte dieses Gutachtens eingehender beschäftigen.

3. Zu schweren Bedenken giebt Anlafs der an den oben Nr. I 8 referierten Gedankengang angeschlossene Einwurf F.s S. 207, dafs nicht, wie zur Zeit der Vorprozesse, es fraglich sein könne, ob der Fiskus oder ein Dritter der Regalherr sei, sondern dafs heute entweder Bergbaufreiheit bestehe, und das sei die Regel, oder dafs ein Privatbergregal des A, B oder C, einer Servitut oder mehr noch einer Reallast vergleichbar, auf dem Bergwerkseigentum ruhe. Diese Äufserung

kann nur bezwecken, die Relevanz der veränderten Rechtslage, den Fortfall des staatlichen Regals für den heutigen Streit zu betonen. Es mufs aber mit aller Entschiedenheit darauf hingewiesen werden, dafs die Rechtskraftwirkung der Urteile in den vorangegangen Regalstreitigkeiten, soweit es sich um die Feststellung der Eigenschaft des Beklagten als Privatregalherrn handelt, lediglich nach der Rechtslage zur Zeit jener Prozesse zu bestimmen ist. Es ist völlig gleichgültig, wie gegenwärtig sich die Sachlage gestaltet hat; durch den Vorbehalt der Privatregalrechte in der preufsischen Gesetzgebung sind sie der Einwirkung derartiger Wandlungen entzogen, was ja auch F. S. 207 anerkennt, und es kann selbstverständlich von einer Rückwirkung des neuen Gesetzes auf Inhalt und Bedeutung der in der Vergangenheit liegenden Urteile nicht die Rede sein. Damit ist zugleich festgestellt, dafs nachträgliche Befreiungen von Zehnten und Lasten, die Staatsregalunterworfenen durch die Berggesetze zu teil geworden sind, nimmermehr ein rechtserhebliches Interesse der Privatregalunterthanen in der Richtung zu begründen vermögen, um früher wegen etwaiger Interesselosigkeit gegen sie wirksame Urteile ex post unwirksam zu machen. Es mag ja die entstandene Ungleichheit zwischen diesen Regalunterthanen und den vom Staatsregal befreiten Bergeignern sehr empfindlich sein. Allein ein Rechtsgrund für die Veränderung der Regalunterworfenheit, wenn solche überhaupt zur Folge der Vorurteile bestand, kann darin nimmermehr gefunden werden.

Diese Situation zu verdunkeln, erscheint es geeignet, wenn F. seine Ansicht von der rechtlichen Natur des vorliegenden Falles S. 204 einleitet mit den Worten, es sei die Frage, ob und inwieweit die früher erwachsene Rechtskraft in einem neuen Prozesse die Sachprüfung hindere, nach dem Rechte zu entscheiden, unter dessen Herrschaft die neue Entscheidung erfolgt. Der Satz ist in solcher

Allgemeinheit dunkel und gefährlich; jedenfalls ist er falsch, wenn in ihm eine Einschränkung liegen sollte des ihm vorausgehenden „Grundsatzes“: dafs Umfang und Wirkung der Rechtskraft der Urteile lediglich nach dem Recht zu beurteilen sei, unter dessen Herrschaft sie ergangen sind. Dieser Umfang und diese Wirkung sind, wie schon oben berührt, materiellrechtlicher Natur und werden in ihrem Fortbestande, wie in ihrem Einflusse auf zukünftige Rechtsstreitigkeiten auf keinen Fall durch Änderungen des Prozefsrechts berührt.

Sie behaupten sich mit der Eigenschaft erworbener Rechte, die nur genommen werden können, wenn sich das Gesetz selbst die Rückwirkung bezüglich ihrer beilegt. Es ist um so nötiger, dieses zu betonen, als auf S. 228 F. den Versuch macht, sein, wie er meint, durch „exakte Auslegung und Anwendung des Gesetzes gefundenes Ergebnis“ noch dadurch zu stützen, dafs er auf die „offenbare Ungerechtigkeit des Gegenteils“ hinweist. „Durch die Abschneidung der Sachprüfung in dem vorliegenden und ähnlichen Prozessen würde für den Fall, dafs der Beklagte in der That das Bergregal nicht erworben hätte, den Bergwerken zu Gunsten eines gänzlich Unberechtigten eine dauernde, höchst beträchtliche, die Konkurrenzfähigkeit mindernde Abgabe auferlegt, ohne dafs ihren Eigentümern, bezw. deren Rechtsvorgängern jemals Gelegenheit gegeben wäre oder gegeben würde, die Unrechtmäfsigkeit dieser Belastung darzuthun. Es widerspricht das derart den fundamentalsten Rechtsgrundsätzen, dafs man sich ohne eine ganz klare, im Wege der Auslegung nicht zu beseitigende Vorschrift zu einem solchen Ergebnis niemals verstehen wird.“ Das ist vom Standpunkt des Interessenten aus sehr einleuchtend und würde auf den Laien nicht ohne Eindruck bleiben; es scheint mir, als wenn in diesem Gedanken der einzige Grund des jetzigen Prozesses zu Tage tritt. Im Munde des gutachtenden Juristen mufs er befremdend wirken.

Wie kann es eine offenbare Ungerechtigkeit sein, was dem Recht und Gesetz entspricht? Ob nach Recht und Gesetz der jetzige Beklagte Privatregalherr ist, und ob diese seine Eigenschaft gegenüber den Regalunterthanen bereits rechtskräftig feststeht, das ist die Frage. Mufs sie bejaht werden, so mag das für die Bergeigner insofern unerfreulich sein, als es ihre Konkurrenzfähigkeit mindert, nämlich ergiebt, dafs sie schlechter stehen, als Bergbauende in fiskalischen Regalbezirken. Aber wie können sie sich über Ungerechtigkeit beklagen, wenn der fiskalische Regalherr auf seine Rechte verzichtet und der Privatregalherr es nicht thut? Wäre es nicht „offenbare Ungerechtigkeit“ und widerspräche es nicht den fundamentalsten Rechtsgrundsätzen, wenn der Verzicht des Fiskus zugleich den Privatregalherrn seiner Rechte ohne Entschädigung beraubte? Ausdrücklich hat das Staatsgesetz diese Rechte vorbehalten. Die Einwendung, es frage sich ja eben, ob solche Rechte bestehen und gegenüber der Klägerin bestehen, ist eine petitio principii. Es fragt sich vielmehr zunächst nur, ob sie rechtskräftig festgestellt sind. Dann bestehen sie. Der Zweifel an der Wahrheit des rechtskräftigen Urteils, mit welchem F. so gerne operiert, ist der unzulässige Widerspruch gegen die Rechtskraft. Hier giebt es keine quaestio veritatis. Denn res iudicata pro veritate habetur. Dafs übrigens die Bergunterthanen sich zur relevanten Zeit mit dem Ergebnis der Regalprätendentenstreite zufrieden gegeben haben, steht bis zum Übermafs fest — — —. Es handelt sich also nur um eine ex post auftretende Bestrebung, des Regals ledig zu werden, welche allerdings vom wirtschaftlichen Standpunkt aus sehr begreiflich ist.

4. Ich trete nunmehr in die Kritik des Gedankenganges F.s näher ein. Nach allgemeinen, zum Teil bereits besprochenen Betrachtungen über die Rechtskraft folgt S. 168—202 die Darstellung des positiven preufsischen Rechtes über die Rechtskraft gegen Dritte. An und für sich ist diese sehr weitläufige

Auseinandersetzung deshalb für die ganze Frage wertlos, weil sie nur das längst bekannte Resultat zu Tage fördert, dafs das preufsische Recht im allgemeinen („der Regel nach“) die Rechtskraft auf die Parteien beschränkt, dafs dieser Satz Erweiterungen erfährt, dafs aber unter den positivrechtlich nachweisbaren unser Fall nicht einbegriffen ist. Aber die F.sche Deduktion ist mehrfach durchsetzt mit Thesen und Gründen, welche, soweit es nicht im vorstehenden geschehen, [entschieden] zurückgewiesen werden müssen. Auch hat F. diesem Abschnitt eine Fülle polemischer Erörterungen beigemischt, die sich nicht mit der Auslegung des Gesetzes beschäftigen, so insbesondere die Ausführungen gegen Eccius und mich unter X S. 193 fg., und speciell gegen mich unter XI S. 196 fg. Was hier behauptet wird, mufs meiner positiven Schlufsbetrachtung unter III vorbehalten bleiben. Dagegen sind mehrere Punkte an dieser Stelle zu erledigen.

Auf Seite 174 findet sich der auch auf Seite 226 wiederkehrende Satz, dafs die Rechtskraft für und wider den Rechtsnachfolger nur das Verhältnis derselben zum Gegner, nicht das zum Rechtsvorgänger ergreife. Auf Seite 226 heifst es zur Widerlegung meiner Ansicht über die bindende Kraft der Vorurteile für diejenigen Bergeigner, welche ihr Bergbaurecht von den Rechtsvorgängern des Beklagten ableiten, folgendermafsen: „Das ist . . . . . ganz unrichtig, weil, wie früher ausgeführt wurde, es sich bei der Rechtskraft für und gegen den Rechtsnachfolger immer nur um das Verhältnis zum Gegner, nicht um das Verhältnis zum Rechtsvorgänger handelt.“ Sucht man diese „Ausführungen“, so findet man lediglich auf Seite 174 dieselbe Behauptung und im Anschlufs an ein von mir gebrauchtes Beispiel statt einer Beweisführung abermals dieselbe Behauptung. Woher F. sie genommen, ist schlechthin unersichtlich, und doch sollte man hiernach meinen, dafs es sich um einen allgemein anerkannten Satz handeln müsse. Andernfalls hätte

F. die Begründung obgelegen. In der That aber ist der Satz aus der Luft gegriffen und ebenso sehr im Widerspruch mit dem Gesetz, wie mit der Logik. Es ist nur erklärlich durch das eifrige Bestreben F.s, die Rechtskraft, wo immer möglich, auf die engsten Grenzen zurückzuführen.

Es handelt sich um die Succession, die Universal- und die Singular-Succession. Der § 6 A.G.O. 24. Titel I. T. sagt ganz allgemein, der Erbe müsse die wider den Erblasser ergangenen Urteile gegen sich gelten lassen, und § 7: „Derjenige, dessen Gerechtsame in Ansehung eines gewissen Gegenstandes lediglich von den Gerechtsamen eines andern abhängen, mufs aber dasjenige gegen sich gelten lassen, was wider jenen wegen sothanen Gegenstandes rechtlich erkannt worden ist.“ Der § 9 fügt hinzu, dafs der Erwerber der litigiösen Sache sich demjenigen unterwerfen müsse, was darüber im rechtshängigen Prozefs entschieden werde, auch wenn er nicht zu ihm zugezogen wurde. Dafs hier die Rechtskraft ebenso für wie wider den Rechtsnachfolger unterschiedslos anerkannt wird, bedarf keiner weiteren Erörterung (vgl. auch C.P.O. § 236 Abs. 3 mit C.P.O. v. 17. Mai 1898 § 325 Abs. 1). Das Gesetz spricht, wie man sieht, ohne Unterscheidung zwischen Rechtsvorgänger und Gegner. Nichts berechtigt uns, eine solche Unterscheidung zu machen; soweit zwischen Auktor und Successor der Bestand des den Gegenstand der Rechtsnachfolge bildenden Rechtsverhältnisses strittig werden kann, mufs das vom Auktor erstrittene rechtskräftige Urteil für den Successor mafsgebend sein. Dazu führt auch die Logik. Es ist schlechterdings undenkbar, dafs das rechtskräftig festgestellte Recht nicht als solches auf den Rechtsnachfolger übergehen sollte. Es hat im rechtskräftigen Urteil zwar nicht seinen Entstehungsgrund im eigentlichen Sinne, aber doch einen unerschütterlichen Bestärkungsgrund, der denn auch einer selbständigen causa gleicherachtet werden darf. Dem Gegner gegenüber nutzt der Successor diese Rechtskraft auch nach F. berechtigt aus; und er sollte sie seinem Auktor gegenüber ignorieren dürfen, wenn zwischen ihnen Streit darüber entsteht, ob und was Gegenstand der Nachfolge geworden? Nehmen wir an, es habe der Veräufserer vor dem Veräufserungsakt einem X gegenüber sein Recht rechtskräftig durchgefochten, so würde der Erwerber nicht nur gegen X, welcher ihm dieses Recht abstreiten will, die Einrede der Rechtskraft haben, sondern er würde auch [im Streit mit] seinem Auktor — — — sich diese Einrede gefallen lassen müssen, wenn er wegen Eviktion gegen ihn Regrefs nehmen wollte. Und das nicht blofs deshalb, weil er die lediglich dem Gegner gegenüber zustehende Einrede zu gebrauchen unterlassen, also den Sieg verscherzt hat, sondern deshalb, weil der Auktor ihm ein (jedenfalls gegenüber X) vollgültiges Recht übertragen hat. Denn könnte der Successor ohne vorgängigen Eviktionsprozefs dem Rechtsvorgänger gegenüber den vollen Beweis dafür erbringen, dafs das Urteil falsch war, also das veräufserte Recht nicht existierte, so wäre ein Anspruch wegen Nichtbestand des Rechts dennoch unmöglich, auch vom Standpunkte des Rechtes aus, welches den Regrefs von rechtskräftiger Verurteilung des Successors nicht abhängig macht.

Vgl. Windscheid, Lehrbuch des Pandektenrechts 7. Aufl. Bd. 2 (1891) S. 429.

D.B.G.B § 440 Abs. 2.

Endemann, Einführung in das Studium des B.G.B. 1. Bd. (1898) S. 700 N. 14.

Die Berufung auf die Rechtskraft würde ihn zurückschlagen. Wer wird auf den Gedanken kommen, dafs der Erwerber des Streitgegenstandes (§ 9 A.G.O. I 24) das Recht, welches ihm übertragen worden, in seiner Existenz dem Veräufserer gegenüber in Frage ziehen dürfe, wenn dieser im Prozesse gesiegt hat.

Ganz die gleichen Betrachtungen stellen sich im umgekehrten Falle ein, wenn die Succession sich auf einen Gegenstand bezieht, über den vor ihrem Eintritt der Auktor einen

Prozefs mit ungünstigem Ausgang geführt hat. Sein Rechtsnachfolger wird ihm die res iudicata entgegenhalten dürfen zur Stütze der Behauptung, dafs ihm ein Nichts übertragen worden sei. Und wie will der Auktor diesen Einwand entkräften? Würde doch beispielsweise der Cessionar, welcher gegen den debitor cessus klagt, sofort unwiderleglich der exceptio rei iudicatae begegnen.

Man sieht, wie man die Sache auch drehe und wende, F.s These ist falsch und ruht auf einer völligen Verkennung der Rechtskraft. Daher nur noch einige Worte über das von mir gebrauchte, von ihm bekämpfte Beispiel. Dasselbe lautet: „A würde B gegenüber erstreiten, dafs er und nicht B die Forderung gegen X habe; nachher würde A dem C die Forderung abtreten, dieser aber im Prozefs behaupten, nicht A, sondern B sei der Gläubiger, ihm also ein Nichts abgetreten worden. Würde nicht die res iudicata ihn zurückschlagen?"

F. antwortet: „Die res iudicata sicherlich nicht, weil eine solche im Verhältnis von A zu C weder erwachsen, noch durch Rechtsnachfolge übergegangen ist." Aber C ist ja der Rechtsnachfolger des A, also hat er die von diesem dem B gegenüber rechtskräftig festgestellte Forderung als solche erworben. Und wie denkt sich F. die Sache, wenn B gegen X die Forderung einklagt? Würde nicht C als Hauptintervenient mit Erfolg auftreten können? Würde er nicht nach nachgewiesener Cession dem B die vom Cedenten erstrittene Rechtskraft mit der Wirkung opponieren, dafs B. abgewiesen werden müfste? F. könnte das keinesfalls bestreiten, da ja die Rechtskraft dem Gegner gegenüber von ihm zugestanden und nur dem Auktor gegenüber geleugnet wird. Es bedeutet aber einen Widerspruch, wenn man so dem C die Rechtskraft zu gute kommen läfst und ihm zugleich gestattet, sie dem A gegenüber zu verleugnen. Gewifs könnte er im Streite mit diesem behaupten, es sei ihm ein Nichts abgetreten, weil weder A noch B die Forderung gegen X haben, aber nimmermehr könnte er sich darauf stützen, dafs B forderungsberechtigt und deshalb A nicht berechtigter Gläubiger gewesen sei; und das allein besagt mein Beispiel.

Meine Nutzanwendung für die gegenwärtige Rechtslage, die Stellung des Privatregalherrn gegenüber den von seinen Rechtsvorgängern oder ihm beliehenen Bergeignern seines Bezirks (S. 6 IV) könnte sonach nur erschüttert werden, wenn ein Successionsverhältnis zwischen diesen Personen schlechterdings nicht bestünde. Auch das behauptet F. S. 224. Darauf wird zurückzukommen sein.

5. Unter IV S. 174 behandelt F. einige Bestimmungen des preufsischen Rechts, die zum Teil schon oben herangezogen worden sind. Für die Frage der Rechtskraft des Urteils im Prozesse des Hauptschuldners gegenüber dem Bürgen wiederholt er zunächst, was ich S. 24 gesagt, nämlich, dafs die Verurteilung des Hauptschuldners den Bürgen nicht binde, fügt aber dann hinzu, es könne „bei dieser klaren Sachlage vollständig dahingestellt bleiben, ob auch nach preufsischem Recht das gegenüber einem Hauptschuldner ergangene Urteil zu Gunsten des Bürgen oder des dritten Verpfänders wirkt, und ob es sich dabei um eine Erstreckung der Rechtskraft oder vielmehr um eine notwendige Folge des inter partes geschaffenen Rechtszustandes handelt."

Nein, das kann nicht dahingestellt bleiben, denn es fragt sich eben ex professo, inwiefern Rechtskraft Dritten gegenüber wirkt, und wenn sie vermöge der juristischen Logik auch nur zu Gunsten derselben wirkt, so wirkt sie eben doch und zwar in diesem Falle nicht auf Grund einer Bestimmung des preufsischen Rechts, sondern vermöge der Natur der Sache (vgl. sub II, 1), wie ich S. 24 demonstrierte. Nichts anderes aber als die Natur der Sache wird von F. angerufen, wenn er spricht von der „notwendigen Folge des inter partes geschaffenen Rechtszustandes". Ist dieser durch die Rechtskraft geschaffen, so handelt es sich augenfällig nur um die „Erstreckung der Rechtskraft“ [1]).

Nun hat aber F. auch an dieser Stelle, wie bereits wiederholt berührt, den § 258 I 18 A.L.R. herangezogen, mit der von mir zurückgewiesenen Bemerkung, ich hätte die Vorschrift in ihr Gegenteil verkehrt. Dafs aus ihr die Rechtskraftwirkung gegen die nicht zugezogenen Lehnsanwärter folgt und vom Reichsgericht Bolze XIV n. 611 d gefolgert worden ist, unterläfst er zu bemerken [2]). Und doch wird dadurch in empfindlichster Weise seine Deduktion erschüttert.

Die angeschlossenen Citate und Bemerkungen betreffs der Fideikommifsprozesse interessieren nicht, denn sie beweisen nichts.

6. Die Ausführungen unter V 176 ff. sind bereits früher (oben I 5) erledigt, soweit sie sich auf K.O. § 135 beziehen. Was die Rechtskraft nach art. 190 a Abs. 5 H.G.B. anbetrifft — art. 222 wird von F. bei Seite gelassen [3]) —, so kann der Streit über das legislative Motiv auf sich beruhen. Denn F. selbst kann nicht umhin, die zwingende Logik des Rechtsverhältnisses als mitsprechend anzuerkennen. Nur mufs, wenn dieses richtig ist, bestritten werden, dafs hier ganz besondere, positiv geregelte Fälle vorliegen, die eine analoge Ausdehnung nicht zulassen. Denn sollte gleichartige Situation und gleich zwingende Logik des Rechtsverhältnisses festgestellt werden können [4]), so wäre die Analogie unabweisbar.

---

[1]) Man erwäge auch folgenden Fall. Nach B.G.B. § 554 A. 3 klagt Vermieter, der gegen den Mieter zur rechtskräftigen Feststellung gebracht hat, dafs das Mietverhältnis nicht mehr besteht, nunmehr gegen den Dritten (Untermieter) auf Restitution. Kann dieser, wenn ihm „der Gebrauch der Sache“ schon vor dem Prozefs übertragen war, den Anspruch erfolgreich bekämpfen mit der Behauptung der Mietvertrag bestehe zu Recht?

[2]) Jetzt F.[2] S. 175 berichtigt.

[3]) Jetzt nachgeholt F.[2] S. 177; dagegen nicht beachtet Ges. betr. Erwerbs- und Wirtschaftsgenossenschaften v. 1. Mai 1889 in der Fassung vom 20. Mai 1898 §§ 51 Abs. 5, 96, 111, 122 Abs. 4, 125, 129 Abs. 3, 141.

[4]) Dieses Motiv bestimmt die erweiterte Rechtskraft N. C.P.O. § 856 Abs. 4.

Im übrigen kulminiert der Abschnitt V darin, dafs Erweiterung der Rechtskraft stattfinde in Fällen, in denen Dritte zum Prozesse zugezogen werden konnten und diese Zuziehung Voraussetzung für jene Erweiterung war [1]). Da F. mir einen besonderen Vorwurf daraus macht, dafs ich „nicht gehörig beachtet hätte, ob der Dritte, gegen den das Urteil Rechtskraft machen solle, zu dem Verfahren zugezogen worden oder nicht“ [2]), so mufs dieser nach seiner Ansicht wesentliche Punkt hier besprochen werden.

Aus den einschlagenden Bestimmungen der A.G.O. I 17 §§ 1 ff. über Litisdenunziation und den damit zusammenhängenden des A.L.R. ergiebt sich, dafs die ganze Sache mit den gegenwärtigen Streitpunkten schlechterdings nichts zu thun hat. Von „Gewährleistung, Vertretung oder Beistand“ des Denunziaten (A.G.O. a. a. O. § 4) konnte im Verhältnis des Regalherrn und des Bergeigners unmöglich die Rede sein. Was sollte dieser im Prozesse der Regalprätendenten? Sollte er etwa den Fiskus gegen den Privatregalherrn verteidigen, oder umgekehrt? Und mit welchem Rechtsgrunde wollte er diese Stellung einnehmen? Hätten sich die Parteien eine solche Einmischung auch nur gefallen zu lassen? Auf alles das vermisse ich in F.s Ausführungen eine Antwort.

Wie, um das noch hinzuzufügen, denkt sich F. die Zuziehung in Bezug auf Bergeigner, die erst nach dem Rechtsstreit beliehen worden sind, also wie z. B. denkt er die Gestaltung der Sache, wenn im strittigen Regalbezirk bislang überhaupt keinerlei Mutungen und Verleihungen erfolgt wären? Sollen etwa die später Beliehenen, da sie ja nicht hatten zugezogen werden können, und F. sie auch nicht als Successoren des Regalherrn anerkennt, von der Rechtskraftwirkung schlechthin frei sein, während die schon zur Zeit des Prozesses vor-

---

1) Siehe die vorige Note.

2) Jetzt F.² S. 234 fortgelassen.

handenen Bergeigner, wenn sie zugezogen worden wären, sich das Prozefsergebnis gefallen lassen müfsten?

— — — Dafür, dafs im Rechtsprätendentenstreit — — — der Dritte, z. B. auch nur der Schuldner, zugezogen werden könne, um ihm gegenüber eine Erweiterung der Rechtskraft zu erzielen, die sonst nicht gegeben wäre, dafür vermag ich im preufsischen Recht ebensowenig wie im heutigen (C.P.O. § 69, neu § 72) einen Anhalt zu finden [1]).

7. Auf die Frage, wie die §§ 298, 299 A.L.R. I, 12 auszulegen sind, mit der sich F. eingehend in VI S. 181 seines Gutachtens beschäftigt, näher einzugehen, liegt keine Veranlassung vor.

Es genügt, festzustellen, dafs er anerkennt, wie durch diese Bestimmungen das gegen den Erben ergangene Urteil nicht nur zu Ungunsten des Legatars, sondern auch zu Ungunsten der Nachlafsgläubiger wirkt. Das eignet er sich nach Dernburgs Vorgang an, obschon das Gesetz nur von den Legataren redet. Das aber ist zweifellos analoge Anwendung. Seine Bemühung, den Satz vermöge des Repräsentationsgedenkens aus § 66 Einl. z. A.G.O. zu rechtfertigen — denn das ist doch offenbar die Meinung — geht fehl. Denn von einer Vertretung der Legatare oder Gläubiger in irgend einem juristisch haltbaren Sinne kann hier nicht die Rede sein, jedenfalls nicht davon, dafs Legatar bezw. Nachlafsgläubiger im Sinne des § 66 cit. „an die Stelle“ des Erben trete. Wenn A.L.R. a. a. O. § 298 sagt, dafs die „Verteidigung des Nachlasses“ hauptsächlich dem Erben zukomme, so sagt es nicht: die Verteidigung der Legatare. Es bezeichnet vielmehr nur den Erben als den eigentlichen passiv Legitimierten [2]).

---

1) Allenfalls liefse sich oben S. 71 N. 4 hierher ziehen.

2) Auch die Interventionsbefugnis a. a. O. § 299 bestätigt, dafs hier von „Repräsentation“ nicht die Rede sein kann. Die Haftbarkeit wegen Kollusion ist hierfür bedeutungslos. Der Käufer im Eviktionsprozefs vertritt nicht den Verkäufer, aber er wird von Nachteilen wegen mangelhafter Prozefsführung ihm gegenüber getroffen.

Ich habe S. 21 nur von der Rechtskraft des Urteils im Erbschaftsprätendentenstreit für und wider Legatare, Erbschaftsgläubiger und -Schuldner gehandelt und diese Wirkung für das gemeine Recht festgestellt. F. geht darauf S. 198 ein, aber mit Beschränkung auf das preufsische Recht; er giebt zu, dafs dieses keinerlei Bestimmung über den Punkt enthält. Es ist daher eine offene Frage, welche Schlufsfolgerungen sich aus der Natur der Sache ergeben. Für das gemeine Recht ist die allgemeine Ausdehnung der Rechtskraftwirkung, wie ich sie auf Seite 21 darstellte, in der vorherrschenden Theorie und Praxis angenommen, und ich habe die Ratio dieses Standpunktes mit Hinweis auf einige Litteraturcitate in Kürze dargelegt. Für das preufsische Recht verteidigt Dernburg die Rechtskraft zu Gunsten der Legatare (Bd. III § 145 Note 4). Er geht aber weiter, indem er gegen eine Entscheidung des Obertribunals (Striethorst Bd. 12 S. 61) sagt, dafs die beim Erbschaftsprozefs nicht zugezogenen Legatare die zwischen Testamentserben und anderen Erbprätendenten, insbesondere Vertragserben, ergehende rechtskräftige Entscheidung gegen sich gelten lassen müfsten, arg. § 295 I, 12 A.L.R. Das bestreitet F. Hier ist also mindestens in der Theorie des preufsischen Rechts Kontroverse. Sie auszutragen, erscheint nicht angezeigt.

8. Wohl aber mufs auf einen Irrtum F.s hingewiesen werden, der hier und auch an anderer Stelle auftaucht und ähnlich überraschend ist, wie der unter Nummer 4 widerlegte Satz, dafs die Rechtskraft nicht zwischen Auktor und Successor wirke. Er findet die Erklärung dafür, dafs der Vermächtnisnehmer sich auf die rechtskräftige Entscheidung im Erbenprätendentenstreite zu seinen Gunsten berufen dürfe, nicht in der Ausdehnung der res iudicata, sondern darin, dafs es dolus wäre, ein improbe causari, falls dieser Erbe sein und doch den Legataren gegenüber seine Erbenqualität leugnen wolle. Dabei wird verkannt, dafs hiermit nur ein Motiv für

die Ausdehnung der Rechtskraft bezeichnet ist, während diese selbst nicht geleugnet ist. Aber das ist es nicht, was ich im Auge habe. F. sagt: „Das Entgegenstehen der Rechtskraft kann immer nur im Verhältnis zur unterlegenen Partei in Frage kommen," und S. 222: Der Fiskus könne schon deshalb nicht einem dritten Prätendenten gegenüber sich auf seine Niederlage gegenüber einem anderen Privatregalherrn berufen, „weil sich der unterlegene Teil überhaupt nicht auf Rechtskraft berufen" könne. Das ist dahin zu verstehen: Der siegreichen Partei gegenüber kann sich niemand auf die Rechtskraft berufen, und korrespondierend kann die unterlegene Partei sich gegen niemand auf die Rechtskraft stützen. Diese Sätze sind [unhaltbar] [1]). Was heifst es, wenn ein rechtskräftiges Urteil für und wider die Partei wirken soll? Bedeutet das, dafs nur einseitig sie die Rechtskraft zu ihren Gunsten („für") und der Gegner sie zu ihren Ungunsten geltend machen dürfe, oder bedeutet es nicht vielmehr, dafs rechtskräftig inter partes, für beide Teile entschieden ist? Ganz abgesehen von der Frage einer konsumierenden Kraft des Urteils im Sinne des römischen Rechtes, ist doch auch für das heutige Recht richtig, was Dernburg a. a. O. Bd. I § 137 an die Spitze seiner Erörterung über die Rechtskraft stellt: Dafs das einmal gefällte Erkenntnis unter den Parteien als Recht gilt, so dafs sich bei später wiederum zwischen ihnen erwachsenden Rechtsstreitigkeiten jede auf dasselbe als eine unabänder-

[1]) F.² S. 200 Note 2 stützt sich dafür auf l. 16 D. de exc. rei iud. XLIV 2., obschon er selbst „dringend davor warnt", die römische negative Funktion der Rechtskraft zu vermengen mit der positiven. Jene im röm. Recht herrschende Funktion nimmt aber der Stelle ihre scheinbare Allgemeingültigkeit. Über ihre Auslegung s. Keller, Litiskontestation u. Urteil S. 583. Auf die Kontroversen über die Natur der exc. rei iud. kann ich hier nicht eingehen. Vgl. Keller-Wach, Röm. C. P. 6. Ausg. §. 72 Note 849. — Vgl. gegen F. auch Savigny, System Bd. VI S. 414, Wetzell a. a. O. S. 575. Übrigens finden sich Anklänge an F.s These in der älteren Litteratur im Anschlufs an die oben citierte Stelle.

liche Grundlage berufen kann. Und F. selbst sagt in seinem Lehrbuch des preufsischen Privatrechts S. 730: „Die Bedeutung der Rechtskraft besteht heute darin, dafs das, was in der Entscheidung inhaltlich festgestellt ist, für das Privatrecht bindend ist.“ Bindend doch selbstverständlich für beide Teile, also bindend auch so, dafs jede von beiden Parteien sich, soweit es durch die Sachlage angezeigt erscheint, auf die Rechtskraft berufen darf, gleichviel, ob das Urteil ihr günstig oder ungünstig ist. Ob es wahr ist, was im Anschlufs an Savigny von Dernburg behauptet wird, dafs der siegende Kläger sein rechtskräftiges Urteil ad acta legen und den Prozefs von neuem beginnen könne, ohne dafs der Beklagte das Recht hätte, dieses durch Berufung auf die Thatsache einer schon erfolgten rechtskräftigen Entscheidung zurückzuweisen, das mag, so unrichtig ich es erachte, auf sich beruhen,

vgl. dagegen Förster-Eccius, Preufs. Privatrecht Bd. I § 46 Anm. 2.

Zweifellos ist, dafs er der Klage begegnen kann mit dem Hinweis darauf, [der erneut zur Entscheidung verstellte Anspruch sei nicht mehr entscheidungsbedürftig], es sei bereits und zwar zu Gunsten des Klägers in der jetzt von ihm gewünschten Richtung entschieden[1]).

Vgl. dazu auch Bülow, Absolute Rechtskraft des Urteils, 1894.

[Demelius, Zur Lehre von der Rechtskraft 1892, S. 68 f. R. Schmidt, Lehrbuch des Deutschen C.P.R. 1898, S. 807.]

Und ebenso zweifellos ist, dafs dem siegreichen Kläger die Rechtskraft entgegensteht, wenn er die eadem quaestio

---

[1]) Ob man das eine exceptio doli generalis nennen will, ist Geschmacksache. Man wird aber bei dieser Frage überhaupt zu beachten haben, wie die Prozefsordnung nur bestimmte Rechtsschutzmittel eröffnet und nicht auf diesem Gebiet der Willkür freie Bahn läfst. So salviert sie auch die Wirkung ihrer eigenen Feststellungsmittel und -Akte. Vgl. Bolze, Praxis III Nr. 1372, IV Nr. 1411, 1518, VI Nr. 1171, X Nr. 823, XVI Nr. 739, XXI Nr. 809.

noch einmal in einer mit dem ergangenen Urteil unvereinbaren Weise für sich gelten machen will, um einen günstigeren Erfolg zu erstreiten, als er bereits erstritten hat. Es ist beispielsweise ein bestimmtes Rechtsverhältnis zwischen den Parteien dem ersten Klageantrag entsprechend im Vorprozesse rechtskräftig festgestellt; der Beklagte ist unterlegen; jetzt will derselbe Kläger es noch einmal demselben Beklagten gegenüber feststellen lassen mit Modifikationen, die ihm vorteilhafter erscheinen, aber keine alia res begründen. Oder: es ist eine Interesseklage erfolgreich durchgeführt; nachträglich will der Kläger [genau] denselben Interesseanspruch erneuern, weil er hofft, jetzt einen höheren Betrag erstreiten zu können[1]). Oder: der Kläger hat im Vorprozefs gegen den Beklagten auf Grund eines Rechtsgeschäftes ein Rechtsverhältnis rechtskräftig feststellen lassen, nachträglich macht er die Nichtigkeit desselben Rechtsgeschäfts mit Anspruch auf Schadensersatz geltend. [Oder: die negative Feststellung ist siegreich durchgefochten und jetzt will der Sieger aus dem rechtskräftig verneinten Rechtsverhältnis Ansprüche erheben.] Oder: der Kläger hat als Intestaterbe ein Testament gegen die Testamentserben erfolgreich angefochten und klagt nachträglich ein Legat, mit dem er in demselben Testament bedacht war, von demselben Beklagten ein. In allen derartigen Fällen wird sich der Beklagte mit Fug und Recht auf das im Vorprozefs ergangene ihm ungünstige Urteil berufen[2]).

Und umgekehrt, wenn der Kläger im Vorprozesse unterlegen ist, also sein behauptetes Recht rechtskräftig verneint wurde, so stützt er sich mit Recht auf die Rechtskraft gegen-

---

[1]) Dabei kann supponiert werden, dafs der Kläger die Schätzung dem richterlichen Ermessen anheimgestellt oder selbst seinen gesamten Anspruch beziffert hat. Bolze XXI S. 805. Anders bei Teilklage Bolze, XXI Nr. 808.

[2]) Vgl. oben S. 76 Note 1 auch R.G. Entsch. in Civilsachen Bd. XL S. 403. Ferner XVI S. 435, XXXI S. 260 f. Die Entsch. in der Jur. Wochenschrift 1899 S. 36 dient zur Bestätigung, wennschon der Verzichtsgesichtspunkt abwegig oder doch keineswegs allein entscheidend ist.

über einer Klage seines Gegners, die die damalige Existenz des ihm abgesprochenen Rechts zur Voraussetzung hat. Er ist mit der positiven Feststellungsklage abgewiesen und jetzt will der siegende Beklagte gegen ihn dasselbe Rechtsverhältnis feststellen lassen. Er ist mit der Vindikation unterlegen und jetzt will ihn der Beklagte als den Eigentümer in Anspruch nehmen und zwar aus dem Erwerbsgrund, der damals in lite war. So kann man lange fortfahren; aber das Gesagte genügt vollkommen, um zu beweisen, wie irrtümlich die Behauptung ist: „das Entgegenstehen der Rechtskraft kann immer nur im Verhältnis zur unterlegenen Partei in Frage kommen" und „der unterlegene Teil kann sich überhaupt nicht auf Rechtskraft berufen".

9. Man könnte nach diesen Proben die Kritik der F.schen Rechtskraftstheorie für abgeschlossen erklären. — — — — Allein noch auf eine grundsätzliche Frage einzugehen, kann ich mir nicht versagen; sie wird Seite 190 f. berührt anläſslich der Kontroverse, in welchem Umfang das Urteil im Servitutenstreit für bezw. wider den nicht beteiligten Miteigentümer gilt. Da, wie auch ich hervorgehoben, nach der Meinung Vieler nur das Urteil zu Gunsten des Condominus den übrigen Mitberechtigten zu Gute kommen soll, glaubt F., daſs auch in dieser Einschränkung von Erweiterung der Rechtskraft nicht gesprochen werden dürfe; denn wenn es sich um wirkliche Erstreckung derselben handle, müſste auch das gegen den Miteigentümer erstrittene Urteil die nicht zugezogenen Genossen binden, und das sei ohne gesetzliche Vertretungsbefugnis unmöglich. Indem er nun die Rechtskraft gegen den Dritten für unmöglich erachtet, glaubt er sie hier auch zu seinen Gunsten beseitigt zu haben.

In diesem Gedankengang steckt eine Reihe von Irrtümern. Zunächst ist nicht zu begreifen, warum die Wirkung der Rechtskraft gegen Dritte nur bei gesetzlicher „Vertretungsbefugnis" bestehen könne. Es handelt sich hier, wie auch anderweit, um durch das positive Recht unentschiedene Fragen, und wir haben bereits unter Zustimmung von F. gesehen, dafs Rechtskraftwirkung gegen Dritte auch ohne gesetzliche Vertretungsbefugnis eintritt, wie z. B. im Statusstreit und in den Seite 171 von F. angeführten Fällen, in denen von gesetzlicher Vertretung in juristisch exaktem Sinn nicht die Rede sein kann. Aber ferner erklärt F. die Erstreckung der Rechtskraft für und wider als selbstverständliches Korrelat. [Und doch] hält er mir besonders entgegen, dafs ich Sätze des preufsischen Rechts über die Rechtskraft zu Gunsten Dritter ohne weiteres in Sätze über die Rechtskraft gegen Dritte verwandelte[1], Auf Seite 167 f. führt er aus, dafs zwischen der Wirkung für und wider genau unterschieden werden müsse. Das dem Dritten nachteilige Urteil treffe die nicht zugezogene Person, das ihm günstige die unterlegene Partei, welche ihre Rechte wahrzunehmen in der Lage war. Deshalb lasse es sich viel eher rechtfertigen, einer Entscheidung Rechtskraft für, als gegen Dritte zu geben. Es ist notwendig, in die damit berührte Frage Klarheit zu bringen.

Im allgemeinen wird man daran festzuhalten haben, dafs die Rechtskraft pro et contra eintritt, wenn sie überhaupt eintritt. Denn hat man den Satz: „res iudicata ius facit inter partes“ durch eine Wirkung auch gegenüber Dritten zu erweitern, so ergiebt sich damit folgerichtig die bindende Feststellung in diesem erweiterten Kreise von Personen genau so, wie inter partes. Das ist denn ja auch zweifellos der Fall, wenn das Urteil gegenüber dem repräsentierten Dritten oder dem Rechtsnachfolger seine Kraft äufsert. Und so ist es in den Vasallen-Prozessen im Hinblick auf die Lehnsanwärter, in den Prozessen des Erben, welcher die Erbschaft verteidigt, im Hinblick auf Vermächtnisnehmer und Erbschaftsgläubiger,

---

[1]) Jetzt F.[2] S. 234 gestrichen.

in den Statusstreitigkeiten m. a. W. für gewöhnlich bei subjektiver Extension der Res iudicata. Es müssen also besondere Gründe vorliegen, die die Beschränkung der Rechtskraft Dritten gegenüber zu ihren Gunsten motivieren. Darüber, ob solche im Prädialservitutenstreit, von dem eben die Rede war, vorhanden, kann man verschiedener Meinung sein, wie am besten die gemeinrechtliche Litteratur beweist. Ein eklatanter Fall, in dem die Rechtskraft nur zu Gunsten Dritter wirkt, ist die rechtskräftige Abweisung eines Konkursgläubigers im Feststellungsprozefs, den er mit einem der mehreren bestreitenden Kolliquidanten oder dem Konkursverwalter geführt hat. Dieses Urteil wirkt zu Gunsten der nicht mitbeklagten Interessenten, dagegen der Sieg des Klägers nicht zu ihren Ungunsten. (Siehe mein Gutachten Seite 18 Nummer 1.) Und das hat allerdings seinen Grund darin, dafs der Konkursgläubiger nicht gegenüber dem einen anerkannt, gegenüber dem anderen ausgeschlossen sein kann und eine Vertretungsbefugnis des einzelnen Kolliquidanten im Verhältnis zu den übrigen, welche die Forderung bestritten haben, nicht besteht, also alle besiegt werden müssen, wenn die angemeldete Forderung von mehreren bestritten ist, während andererseits sie dann schon ausgeschlossen ist, wenn sie auch nur einem Bestreitenden gegenüber nicht festgestellt werden konnte.

10. Ich gehe zur Verwertung der F.schen Anschauung für den vorliegenden Fall über; davon handeln die §§ 4—6, S. 204 fg. seines Gutachtens. Manches von dem hier Gesagten hat schon im vorstehenden seine Erledigung gefunden, so der kritische Zeitpunkt, nach welchem Wirkung und Umfang der Rechtskraft des Urteils in den Regalprätendentenstreitigkeiten für die Bergeigner sich bestimmt; so auch die Begrenzung der Frage, welche gleich im Eingang dieser Antwort auf F.s Gutachten noch einmal betont worden ist, wie insbesondere der Punkt, dafs von einer Identität des

gegenwärtigen Streites und der Regalprätendentenprozesse keine Rede sein kann. Weder die Streitsache noch die Subjekte sind identisch; es ist lediglich in Frage, ob die inter alios über das Regalrecht des Beklagten erwirkte Rechtskraft für die Rechtsverhältnisse zu der Klägerin bindend sei. Erledigt, und zwar zu Ungunsten F.s erledigt, ist auch seine Ausnutzung des Beschlusses des Reichsgerichts v. 19. Dezember 1896. Es ist oben Nummer I 9 festgestellt worden, dafs F. den Inhalt dieses Beschlusses in sein Gegenteil verkehrt hat [1]), dafs dieser Beschlufs für den Beklagten und nicht gegen denselben spricht, dafs er als Gegenstand des Regalprätendentenstreits das Regal selbst und die aus ihm abfliefsenden Nutzungen ansieht, daher davon ausgeht, wie die Entscheidung solche Nutzungen mit Wirksamkeit gegenüber den Bergeignern zu- bezw. abspreche. — Endlich bedarf es keiner erneuten Ausführung darüber, dafs die vorliegende Frage auf dem Weg juristischer Konsequenz bezw. Analogie aus „der Natur der Sache“ beantwortet werden mufs. Dafür ist der Weg durch die Widerlegung des methodisch unhaltbaren Standpunktes F.s (oben II 1 fg.) freigemacht. Der einzige Gedanke, der in den §§ 4—6 des F.schen Gutachtens noch einer Betrachtung bedarf, ist die Auffassung des Rechtsverhältnisses, in welchem der Privatregalherr zu den von ihm beliehenen Bergeignern und zum Staate steht. Die Wichtigkeit des Punktes wird von F. selbst in dem Satz betont (S. 216): „Wäre die Behauptung Labands richtig, dafs das Privatregal nur ein Rechtsverhältnis zwischen dem Regalinhaber und dem Staate sei, so könnte man zu der von Wach gezogenen Folgerung kommen, dafs auch nur zwischen dem Fiskus und dem Regalprätendenten über das Regal und die daraus hervorgehenden Befugnisse gestritten werden dürfe.“ Ich lasse die dort

---

[1]) F.[2] S. 212 fg. gestrichen. Vgl. oben S. 43.

daraus gezogenen Folgerungen, wie diesen Satz einstweilen dahingestellt.

Die Deduktion F.s setzt ein mit der Polemik gegen die Labandsche These, dafs das Privatregal ein Rechtsverhältnis zwischen dem Privatregalherrn und dem Staate sei, und zwar nur ein solches. Dabei bleibt es unklar, ob und mit welchem Inhalt ein derartiges Rechtsverhältnis anzunehmen sei, denn es wiederholt sich bei F. S. 209, S. 216, S. 238 die Wendung, es sei das Privatregal kein blofses Rechtsverhältnis zwischen Staat und Privatregalherrn, es erschöpfe sich in keinem Falle in einem blofsen Rechtsverhältnis zwischen ihnen; aber dafs zwischen beiden ein Rechtsverhältnis bestehe, scheint F. nicht leugnen zu wollen. Denn er sagt, die Vorurteile hätten das Bestehen eines Rechtsverhältnisses und nicht das Bestehen eines absoluten Rechts zum Gegenstand gehabt (S. 216), und es gehe die Feststellung hier dahin, dafs im Verhältnis zum Fiskus als Prätendenten sein Gegner regalberechtigt sei. Dann aber wird mit Energie betont, wie, obschon das Privatbergregal eine Beschränkung fiskalischer Rechte enthalte, es sich darin nicht erschöpfe, vielmehr seinen Hauptinhalt in den Pflichten der Regalunterworfenen fände (S. 238); es sei eben ein absolutes Recht, welches sich den letzteren gegenüber praktisch bethätige. Dem kann man beistimmen, ohne dafs man die Konsequenzen, die daraus gezogen werden, billigt. Ich selbst habe mich auf Seite 26 meines Gutachtens dahin ausgesprochen, dafs das Regal sei „ein aus dem Gesetz fliefsendes, absolutes, fiskalisches Nutzungsrecht, ruhend auf publizistischer Basis“; aber ich habe auch hervorheben müssen, wie es als solches unabhängig besteht von irgend einem konkreten Bergeigentum. Es besteht auch dann, wenn vorerst niemand im Regalbezirk Bergbau treibt oder die wenigen Bergbautreibenden vielleicht eximiert sind oder der Regalherr selbst einstweilen allein Bergeigner ist oder endlich der Bergwerksbetrieb im Bezirk zur Zeit erloschen sein sollte. Wird

Bergbau von Dritten, nicht Eximierten getrieben, so erscheint das Verhältnis zwischen diesen und dem Regalherrn sekundär, abgeleitet aus dem schon vorher bestehenden Regal. Die absolute Natur desselben springt also in die Augen. Aber andererseits darf auch nicht verkannt werden, dafs immer zugleich ein relatives Verhältnis zur Zeit der Vorurteile zwischen dem Privatregalherrn und dem Fiskus bestand, vermöge dessen, wie F. selbst sagt, eine Beschränkung fiskalischer Rechte im Privatbergregal gegeben war. Das ist anders, wie bei gewöhnlichen Eigentumsverhältnissen. Zwischen Eigentumsprätendenten besteht ebensowenig ein Rechtsverhältnis, wie zwischen Forderungsprätendenten. Das Eigentum an einer Sache kann irgend wem zustehen, und wenn es besteht, beschränkt es niemanden. Hingegen das Privatregal bedeutet die Beschränkung des Fiskus, bedeutet, dafs sein an und für sich das betreffende Staatsgebiet, für welches überhaupt Regal gilt, erfassendes fiskalisches Nutzungsrecht für ein gewisses Territorium eingeschränkt erscheint und er sich gefallen lassen mufs, dafs die sonst ihm zufallenden Nutzungen von dem Dritten bezogen werden. Dieses Verhältnis ist ganz anders geartet, als das Verhältnis der Privatregalprätendenten untereinander. Damit solche überhaupt in prozessualisch beachtlicher Weise miteinander streiten können, ist die logische Voraussetzung die Existenz des Privatregals. Dafs Forderungsprätendenten prozessieren, obwohl vielleicht gar keine Forderung besteht, erregt keinerlei Bedenken, aber ein Privatregal mufs vorerst dem Staate gegenüber durchgesetzt oder doch besessen sein, damit über das Subjekt desselben gestritten werden könne. Das hängt zusammen mit den anderen, von F. nicht genügend gewürdigten, in Kürze auf S. 26 meines Gutachtens reproduzierten Sätzen, nach denen der Private das Regal nur vom Staate ableiten und nur i h m g e g e n ü b e r ersitzen kann. Hier kommt also auch an und für sich originärem Erwerb durch die in ihm liegende Beschränkung fiskalischer Rechte relative Beziehung zu; sie ist es, die den Staat als den alleinigen legitimus contradictor im Streit über die Existenz des Privatregals erkennen läfst. Darüber später das Nähere.

Solange F. nicht nachgewiesen hat, dafs die Eigenart dieses Verhältnisses für die Rechtskraftsfrage, mit der wir uns hier beschäftigen, bedeutungslos ist, kann seinen Ausführungen überzeugende Kraft nicht beigemessen werden; und einen solchen Nachweis finde ich in seinem Gutachten nicht.

Es erübrigt, den auf Seite 222 fg. seines Gutachtens gegebenen Darlegungen über das Verhältnis des Regalherrn zu den von ihm beliehenen Bergeigentümern nachzugehen. Dort wird der Erwerb des Bergeigentums bei bestehendem Regal als ein originärer aufgefafst, weil es durch Mutung und Verleihung entsteht, der Regalherr aber vor der Verleihung als Bergeigentümer nicht zu denken sei. Man braucht nicht in die Geschichte des Regals tiefer einzudringen, um das Irrtümliche dieser Anschauung zu erkennen. Nur kraft der Verleihung des Regalherrn entsteht das Bergeigentum; es entsteht, belastet mit den dem Verleihenden zustehenden Nutzungsrechten. Verleiht der Unberechtigte, so entsteht es nicht und ist dem Rechtsangriff des Regalherrn ausgesetzt. Dafs der Regalherr nicht selbst Bergwerkseigentum hatte, beweist nichts, denn auch der verpfändende Eigentümer hatte nicht das Pfandrecht, welches er verlieh. Mag die Mutung auch nicht nur Voraussetzung der Beleihung sein, sondern ein Anrecht auf sie geben, jedenfalls ist die Verleihung der Rechtsgrund des Bergwerkseigentums. Es mufs also trotz Bergfreiheit als ein Ausflufs der Befugnisse des Regalherrn angesehen werden, und damit ist das Successionsverhältnis, welches F. vergeblich bestreitet, gegeben. Die damit zusammenhängenden Schlufsfolgerungen für die Rechtskraftwirkung zwischen Auktor und Successor habe ich früher erörtert. Die von F. gezogene Folgerung, es komme den Vorurteilen für die Verleihungen des Fiskus, welche vor ihnen geschehen sind, um der originären Qualität des Erwerbs willen keine Bedeutung zu, erledigt sich trotz der Irrtümlichkeit des Grundes, weil eine Rückwirkung der Vorurteile nicht in Frage ist (s. unter Nr. III 1).

III.

1. Im § 7 S. 231 fg. seines Gutachtens wendet sich F., nachdem er vorher, wie nachgewiesen, fortgesetzt gegen meine Ausführungen polemisiert hat, zu dem, was er „die Ansicht von Wach“ nennt, d. h. zu dem Teil meiner Erörterung, welcher sich Seite 18 fg. unter VI und VII findet. Ich habe behauptet, dafs „abgeleitete, bedingte Rechtsverhältnisse durch die rechtskräftige Entscheidung der bedingenden Frage oder des Ursprungsverhältnisses mitbestimmt werden“ nicht nur inter easdem personas, sondern auch zwischen andern, vorausgesetzt, dafs das Bedingende, das Ursprungs-Verhältnis zwischen den „eigentlich zur Sache Legitimierten“ entschieden worden ist und es sich nicht um Rückwirkung des Urteils handelt; denn solche kann nur „aus eigenartigen Umständen entnommen werden“. In folgendem werde ich zunächst die polemischen Bemerkungen F.s S. 231 fg. widerlegen und dann auf den positiven Beweis eintreten. Ich folge dabei F. Schritt für Schritt.

Ich habe mich absichtlich nicht auf § 7 der A.G.O. I 24 gestützt, weil diese Bestimmung die Singularsuccession zum Gegenstande hat und ich aus der Natur der Rechtskraft Weitergehendes im vorstehenden Satze glaubte ableiten zu dürfen. Gegenüber F.s Einwendungen darf ich betonen, dafs ich mit demselben Rechte den citierten § 7 für meine Ansicht anrufen kann, wie er die §§ 65, 66 der Einl. A.G.O. für die von ihm verteidigte Rechtskraft im sogenannten Repräsentationsverhältnis. In welchem exorbitanten Mafse von ihm dieser Begriff gedehnt wird, und wie ganz zweifellos hier

Analogie an Stelle der Subsumtion tritt, habe ich nachgewiesen. Die Analogie des cit. § 7 läfst sich aber für meine These nicht ohne guten Grund ansprechen, ja man könnte sogar, wenn nicht das Marginale „Gegen den Successorem singularem" in der A.G.O. stände, selbst den Wortlaut für sie anrufen. Denn dafs die Gerechtsame des Bergwerkseigentümers „lediglich von den Gerechtsamen des Regalherrn abhängen", steht fest. Er mufs also, könnte man sagen, „alles dasjenige gegen sich gelten lassen, was wider jenen wegen sothanen Gegenstandes rechtlich erkannt ist."

Der Einwurf F.s, dafs mein Satz von vornherein zurückzuweisen sei, weil er in Widerspruch trete gegen das Prinzip, nach welchem die Entscheidungsgründe („Elemente") nicht einmal unter den Parteien die Rechtskraft beschreiten, geht fehl. F. übersieht, dafs es sich hier nicht um Entscheidungsgründe handelt, sondern um rechtskräftig Entschiedenes. Selbst er wird nicht verkennen, dafs, wenn bedingendes Rechtsverhältnis zwischen den Parteien rechtskräftig entschieden ist, die Rechtskraft für die bedingten Rechtsverhältnisse dieser Parteien und aller Dritten, gegen die die Rechtskraft wirkt, mafsgebend sein mufs.

F. greift nun die beiden „Einschränkungen" meiner These an. Ich mufs betonen, dafs es sich nicht um Einschränkungen eines von ihnen unabhängigen Satzes handelt, sondern um wesentlichen Inhalt desselben. Ich fordere, dafs das Urteil zwischen den „eigentlich zur Sache Legitimierten" ergangen sei. F. hängt seinen Angriff an das Wort „eigentlich" und giebt sich den Anschein, dasselbe nicht zu verstehen; er sagt, es scheine eine Einschränkung der gewöhnlichen Sachlegitimation zu sein, in Wirklichkeit sei es sie nicht. Denn uneigentlich Legitimierte gebe es nicht; man käme also zu dem Satze, dafs bei vorhandener Sachlegitimation die Urteile über bedingende Fragen der Ursprungsverhältnisse Rechtskraft für oder gegen den Dritten machen, sobald es sich um ein abgeleitetes oder bedingtes Verhältnis handelt [1]).

Ich mufs gestehen, dafs ich auf ein solches Sophisma nicht gefafst war, und ich brauche mir dasselbe um so weniger gefallen zu lassen, als ich ausdrücklich gesagt habe, dafs ich unter den „eigentlich zur Sache Legitimierten“ dasselbe verstände, was die Römer mit justus contradictor bezeichnen; dafs aber zwischen diesem und dem in gewöhnlichem Sinn zur Sache Legitimierten ein nicht unerheblicher Unterschied ist, durfte ich als bekannt voraussetzen. Denn zum Sachstreit über die bedingende Frage ist jeder legitimiert, der im bedingten Rechtsverhältnis steht; indem er über dieses prozessiert, prozessiert er indirekt über jene. Aber nicht ist er deshalb schon iustus contradictor in Beziehung auf sie. Es sagt denn auch F. selbst: „Vielleicht hat Wach unter eigentlicher Sachlegitimation die ausschliefsliche Sachlegitimation verstanden“; und so verwendet er selbst meinen Begriff. Wozu also diese irreführende Polemik? Über den Begriff selbst werde ich mich unten weiter verbreiten.

Auf Seite 232 Nummer 2 greift F. den Vorbehalt an, dafs es sich nicht um Rückwirkung des Urteils handeln dürfe, da solche nur aus eigenartigen Umständen entnommen werden könne. Das findet er völlig dunkel, und seine Deutungsversuche imputieren mir Thorheit mit dem Satze: „Meint er aber“ u. s. w. [2]). Ich glaubte, der Begriff der Rückwirkung des Urteils müsse jedem Juristen geläufig sein, korrespondierend der Rückwirkung des Gesetzes. Es handelt sich darum, ob das rechtskräftige Urteil nur fortwirkt, oder ob es auch rückwirkt, d. h. die Vergangenheit ergreift, die schon

---

[1]) In F.[2] S. 232 fg. fallen gelassen.

[2]) Der Satz lautete: „Meint er aber nur dafs das Urteil, um dessen Rechtskraft es sich handelt, zeitlich vor dem Urteil liegen müsse, dem es entgegenstehen soll, so wäre die Einschränkung ebenso selbstverständlich, wie ungenügend“; jetzt F.[2] S. 233 gestrichen.

vor seiner Rechtskraft eingetretenen Rechtswirkungen zu alterieren geeignet erscheint, also in specie die vom Fiskus ausgegangenen Verleihungen hinfällig würden, falls man anzuerkennen hätte, dafs überhaupt die rechtskräftige Feststellung des Privatregals ihm gegenüber auch wirkt gegenüber dem Beliehenen. Diese Frage kann nicht allgemein beantwortet werden, sondern bedarf mit Rücksicht auf die Eigenart des in Rede stehenden Rechtsverhältnisses besonderer Untersuchung; das habe ich schon S. 22 meines Gutachtens in Anwendung auf Statusstreitigkeiten hervorgehoben. An und für sich wirkt die Rechtskraft vom Momente ihres Eintritts; das auch, soweit sie Dritten gegenüber sich äufsert; ob sie die Vergangenheit ergreift, also z. B. nichtig macht, was auf Grund angemafsten Rechts geschehen, Ersatzpflicht begründet bezüglich dessen, was aus ihm genossen, ist für die einzelnen Arten der Rechtsverhältnisse selbständig zu untersuchen. Ob der im Vindikationsstreit besiegte Besitzer für die Zeit seines unrechtmäfsigen Besitzes ersatzpflichtig ist und in welchem Mafse er es ist, ob verschieden als bonae, als malae fidei possessor, das entscheidet sich nicht nach der Rechtskraft; ob die von ihm abgeleiteten Rechte (Servituten, Pfandrechte u. dgl.) durch sein Unterliegen hinfällig werden oder nicht, läfst sich nicht in abstracto beantworten. Die Vernichtung eines Patentes wirkt bekanntlich inter omnes, d. h. zu Gunsten aller und gegen alle diejenigen, welche aus dem angemafsten Patent Rechte abgeleitet haben. Die Feststellung, dafs das Patent von Anbeginn nicht zu recht bestand, ist sicher. Welchen Einflufs diese Thatsache aber auf Lizenzverträge, auf aus dem Patent vereinnahmte Bezüge ausübt, beurteilt sich nach Civilrecht. Dieses entscheidet, ob der Lizenzträger nicht blofs vom Augenblick der Rechtskraft wegen nunmehrig festgestellter Gegenstandslosigkeit des Lizenzvertrages von ihm frei ist, sondern auch ob er berechtigt erscheint, gezahlte Lizenzgebühren zurückzufordern. Die

Nichtigkeitserklärung einer Ehe ist selbstverständlich der rechtskräftige Ausspruch, dafs diese Ehe nicht zu Recht bestand; auch das wirkt inter omnes. Ob aber die in dieser Ehe erzeugten Kinder als uneheliche zu behandeln sind, entscheidet wiederum das Civilrecht und möglicherweise verschieden, je nachdem eine Putativehe vorgelegen hat oder nicht. Für den gegenwärtigen Fall ist die Frage der Rückwirkung nicht in lite. Der Privatregalherr hat solche für sich bisher nicht geltend gemacht, hat den durch den Fiskus Beliehenen ihr Recht [1]) nicht abzustreiten versucht; wie er auch dem Fiskus gegenüber eine Rückerstattung der von diesem bezogenen Zehnten nicht durchgesetzt hat. Ob er die Rückwirkung für sich geltend machen könnte, darf ich daher unerörtert lassen.

Da ich die Frage auch in meinem Gutachten eliminiert habe, so bleibt mir der Passus auf S. 236 des F.schen [Gutachtens]: „Am übelsten steht es" bis „gegeben wären" unverständlich [2]). Er findet es am übelsten, dafs ich auf die Frage nicht eingehe; es stehe fest, dafs, wenn überhaupt die Klägerin Rechtsnachfolgerin des Fiskus genannt werden dürfe, die Rechtsnachfolge vor der Rechtshängigkeit des mafsgebenden Vorprozesses liegen würde. Das allein müsse genügen, um die Erstreckung der Rechtskraft gegen die Klägerin zu hindern, auch wenn alle sonstigen Voraussetzungen gegeben wären. Hier scheint also F. einen zutreffenden und festen Begriff der rückwirkenden Kraft zu haben. Aber er scheint ihn falsch zu handhaben, insofern, als er zu glauben scheint, dafs, wenn die Rechtskraft gegen die Klägerin wirkt, sie notwendig rückwirkt, und dieses Resultat erscheint ihm unerhört. Aber falsche Schlüsse beweisen nichts für die Unrichtigkeit der

---

[1]) Hier stand verdruckt „Regal".

[2]) F.² enthält hier einen neuen Zwischensatz: „A.² verbleibt" — „unbeantwortet".

Prämisse. Sollte jedoch der Schlufs richtig sein, so würde seine Härte wiederum seine Unrichtigkeit nicht beweisen [1]).

Nachdem F. das bekannte und von mir zurückgewiesene Fehlerregister mit Beziehung auf meine Behandlung des preufsischen Rechts gebracht hat, [gelangt] er zu [folgenden] Sätzen: „Das von mir gefundene Ergebnis zeigt zugleich, dafs Wachs These bei Würdigung des gesamten Materials sich für das preufsische Recht und ebenso für das künftige Reichsrecht nicht halten läfst [2]), vielmehr mit der dort gegebenen bestimmten engen Begrenzung der Rechtskraft in subjektiver Beziehung in direktem Widerspruch steht. Kein Schriftsteller hat bisher ein solches Princip behauptet, keine richterliche Entscheidung läfst sich für dasselbe anführen. Eine derartige, in Wahrheit durchaus angemessene Erstreckung der Rechtskraft gegen Dritte ist ganz unerhört und sowohl mit den überall anerkannten, die Lehre der Rechtskraft beherrschenden Grundsätzen als mit den fundamentalsten Anforderungen der Gerechtigkeit nicht zu vereinigen.“ Dafs meine Ansicht unerhört, würde bedeutungslos sein, wenn sie richtig ist; Unerhörtes und Unhaltbares hat, wie meine Ausführungen zeigen, F.s Rechtskrafttheorie mehrfach gebracht, und mit den falschen Prämissen fallen die falschen Schlufsfolgerungen. Aber dafs meine Ansicht nicht unerhört ist, konnte F. aus meinem Gutachten S. 13 entnehmen.

Vgl. auch Arnold praktische Erörterungen aus d. Rechtsgebiet [Erlangen 1853] S. 322, und von älterer Literatur S. Stryk, Disp. de auctoritate rei iudicatae contra tertium, Halle 1707, § 11, § 20, Ramos del Manzano ad leg. Jul. et Pap. Popp. in Meerman novus Thesaurus 1752 V 194 fg. Tiraquellus tract. nobilit. c. 37 n. 2‘

---

[1]) Die neue Bemerkung — s. vorige Note — ist unzutreffend. Die Regalbelastung zur Zeit des Erwerbes steht fest. Die Vorprozesse stellten des Subjekt des Regalrechts fest. Frage: bindend für die Klägerin für die Zukunft?

[2]) Jetzt F.² S. 234: „sich aus den Quellen nicht herbeileiten läfst.“

op. I. 254. Weitere Litteraturangaben können leicht hinzugefügt werden[1]).

Und dafs sie den fundamentalsten Anforderungen der Gerechtigkeit widerstreite, wird in einer unzulässigen Weise von ihm ex post aus geminderter Konkurrenzfähigkeit der Klägerin und veränderter Gesetzgebung hergeleitet. Übrigens fühlt F. selbst, dafs die in jenen starken Sätzen gezogene Summe seiner Deduktion doch noch immer nicht bewiesen ist, denn seine Polemik beginnt von neuem (S. 235 unten fg.). Aber genug davon. Ich komme zur abschliefsenden positiven Darstellung.

2. Die Frage, welche zur Entscheidung steht, ist die, ob, wenn bestimmte Personen für einen Sachstreit ausschliefslich legitimiert sind, das in ihrem Prozefs ergehende Urteil auch Rechtskraft schafft gegenüber denjenigen nicht ausschliefslich legitimierten Dritten, welche aus dem entschiedenen Rechtsverhältnis Rechte ableiten; und ob die zwischen Fiskus und gegenwärtigen Beklagten ergangenen Urteile zwischen solchen ausschliefslich Legitimierten ergangen sind. Ich bin bei meiner Erörterung dieser Frage für den konkreten Fall davon ausgegangen, — dafs die Bergwerkseigentümer des fraglichen Bezirks, soweit sie nicht eximiert waren, regalbelastet und zehntpflichtig gewesen; dafs damals nur fraglich gewesen, ob sie es gegenüber dem Fiskus oder gegenüber den Besitzern von Myslowitz-Kattowitz waren. Das ist Thatsache. Damit sollte aber nicht ausgesprochen sein, dafs nicht möglicherweise neue Regalprätendenten auftreten könnten. Allein bis heutigen Tags sind sie nicht aufgetreten. Die Klägerin behauptet nicht, dafs sie einem anderen Privatregalherrn unterworfen sei, wie sie auch keine Exemtion für sich in Anspruch nimmt. Sie leugnet nur das private Bergregal des Beklagten, und das auch nur, weil sie davon ausgeht, der Fiskus sei

[1]) Vgl. den dem Gutachten angefügten Exkurs S. 99.

ihr Regalherr gewesen und das Urteil, welches diesem das Regal zu Gunsten des Beklagten abspricht, ihr gegenüber nicht bindend. Wir haben es also in der That nur mit zwei Regalprätendenten zu thun, dem Fiskus und dem Beklagten [1]). Doch soll des ungeachtet erwogen werden, welche Bedeutung das zwischen Jenen ergangene Urteil dritten Prätendenten gegenüber hat. Und weiter gehört zur prägnanten Bestimmung der rechtserheblichen Situation, dafs das Bergwerkseigentum der Klägerin vom Beklagten nicht in Zweifel gezogen wird. Ihr gegenwärtiges Feststellungsinteresse ist sonnenklar. In ihrer unbestrittenen Eigenschaft als Bergwerkseigentümerin fühlt sie sich durch die Fortdauer der Regallasten beeinträchtigt. Sie sieht in der Behauptung der regalherrlichen Qualität des Gegners eine sie benachteiligende Rechtsanmafsung und diese will sie beseitigen.

Ich habe gesagt, die Frage, ob Fiskus, ob Besitzer von Myslowitz-Kattowitz Regalherr sei, habe entgültig nur zwischen ihnen erledigt werden können und zwischen ihnen mit Vollwirksamkeit für die Regalunterthanen entschieden werden müssen. Diese seien gegenüber der Frage nach der Aktivlegitimation, nach dem Subjekt des Regalrechts unbeteiligt, soweit nicht ihr Bergeigentum selbst in Frage gestellt werde. Nur der Fiskus, nicht der Bergeigentümer sei der iustus contradictor gegenüber dem Anspruch auf das Privatregal.

Der Begriff des ausschliefslich Legitimierten, des iustus contradictor, oder, wie die Franzosen [gelegentlich] sagen, der seule partie capable [2]) hat eine positive und eine negative Seite. Er bedeutet, dafs der Betreffende derjenige ist, dem es zusteht, den im Streit befangenen Anspruch oder das fragliche Recht

---

[1]) F.[2] S. 243 fg. verschiebt diese Situation in seinen Beispielen. Wenn Bann- oder Zehntrecht für den Bezirk und den Insassen feststeht, so bindet ihn die rechtkräftige Feststellung, welche im Prätendentenstreit der einen Partei das Recht zu- und der andern abspricht.

[2]) Cass. v. 6. Jan. 1809 (Sir. IX, 79) und Appellations-Gericht Poitiers v. 23. Juli 1806 (ibid.).

bezw. Rechtsverhältnis im eigenen Namen positiv oder negativ zum Gegenstand der Entscheidung zu machen. Und er bedeutet ferner, dafs der Betreffende dazu ausschliefslich berufen ist. Es kann nun bezüglich eines Streitgegenstandes denkbarer Weise nur einen iustus contradictor geben; es kann zwei und mehrere geben. Für gewöhnlich werden es sein die Subjekte, das aktive und passive Subjekt des fraglichen Rechtsverhältnisses. Aber es kann auch anders liegen. So ist der Staat iustus contradictor in den Ehestreitigkeiten über die Nichtigkeit der Ehe, obschon er doch nicht in diesem Rechtsverhältnis steht. In Streitigkeiten über Nichtigkeit eines Patents ist nach dem französischen Recht (Gesetz vom 5. Juli 1844) der Staat der einzige aktiv, der Patentinhaber der einzige passiv Legitimierte, während nach deutschem Recht aktiv legitimiert alle Interessenten sind, passiv legitimiert nur der oder die Patentinhaber. So kann also kraft positiven Rechtes das öffentliche Interesse auch im Civilrechtsstreit den iustus contradictor bestimmen.

Welches Kriterium ist mafsgebend für diese Ausschliefslichkeit der Sachlegitimation? Das römische Recht hat den Begriff des iustus contradictor insbesondere beim Ingenuitätsprozefs verwendet. Er läfst sich für heutige Verhältnisse leicht an folgenden Beispielen veranschaulichen. Zwei Fälle sind schon in der Ehe und in den Patentstreitigkeiten herangezogen. Die Nichtigkeit der Ehe kann durch Nichtigkeitsklage nur von den Ehegatten oder dem Staatsanwalt oder nach dem Zukunftsrecht Deutschlands von dem Dritten erhoben werden, welcher in gültiger Ehe mit einem der Beiden nachträglich anderweit Verehelichten steht, sowie endlich von einem Dritten, wenn für ihn von der Nichtigkeit ein Recht, von der Gültigkeit der Ehe eine Verpflichtung abhängt. Man könnte also soweit gehen, zu sagen, dafs nach diesem Zukunftsrecht eigentlich ausschliefslich aktiv zu dieser Klage legitimerte Personen nicht vorhanden sind; dagegen ist passiv legitimiert immer nur der Ehegatte (C.P.O. § 632 neuer Fassung). Wenn in einem Prozefs irgend welcher Personen untereinander die Gültigkeit einer Ehe streitig wird, so kann das Gericht nicht behindert sein, diese Frage zu prüfen (vgl. dazu jetzt C.P.O. neuer Fassung § 151), aber niemals kann gegenüber anderen Personen als gegenüber den Ehegatten die Frage der Nichtigkeit zur rechtskräftigen Entscheidung gebracht werden, und ist sie entschieden, so wirkt das Urteil (vgl. C.P.O. § 629) für und wider alle, also auch gegenüber denjenigen Dritten, welche in der Lage waren, selbständig die Nichtigkeitsklage anzustellen. Eine Ausnahme bildet der Fall des B.G.B. § 1326, falls Nichtigkeitsklage abgewiesen wurde. Es ist selbstverständlich, dafs die neuerdings in der C.P.O. § 638 geregelte Klage auf Feststellung des Bestehens oder Nichtbestehens der Ehe nur zwischen den Ehegatten erhoben und ausgetragen werden kann. Auch für sie gilt die eben berührte Ausdehnung der Rechtskraft § 629 Abs. 2. Die rechtskräftige Entscheidung im Statusstreit, welche das Eltern- und Kinderverhältnis entweder bejaht oder verneint, wirkt für und wider alle mit den schon oben I, 2, angedeuteten Beschränkungen, kann aber erstritten werden nur zwischen den beteiligten Personen.

Das obligatorische Verhältnis hat einen specifisch individuellen Charakter. Es bedarf keines weiteren Beweises, dafs im Streite zwischen Gläubiger und Schuldner eine Rechtskraft gegenüber Dritten, welche nicht Rechtsnachfolger sind, nicht bewirkt werden kann. Jedenfalls nicht gegenüber dritten Prätendenten; denn ist die Forderung des A gegenüber X bejaht, so ist damit nicht festgestellt, dafs diese Forderung nicht dem B oder C zustehen könne. Und ganz ähnliches ist zu sagen von dinglichen Ansprüchen, welche als solche ein Verhältnis von Person zu Person darstellen. Der Begriff eines legitimus contradictor erscheint für derartige Fälle belanglos. Ich habe ihn in Anspruch genommen für den

Streit über den Legitimationspunkt als solchen, mit der Folge, dafs, wenn das Recht an sich aufser Zweifel ist, die bindende Feststellung der Aktivlegitimation, also des Subjektes dieses Rechtes, nur unter den Prätendenten erfolgen kann[1]). Das ist ohne weiteres klar, wenn man bedenkt, wie im Hauptinterventionsfall der intervenierende Prätendent die bereits gegenüber seinem Rivalen erstrittene Rechtskraft mit der Wirkung geltend machen kann, diesen zu eliminieren. Nur darf nicht vergessen werden, dafs, wie betont, davon unabhängig ist die Frage nach der Existenz des Rechtes bezw. der Verpflichtung, und dafs kein Argument gegen die entwickelte Anschauung ist die Möglichkeit mehrerer Prätendenten, also auch die Möglichkeit einer Verteidigung des Verpflichteten mit der Behauptung, keiner der andringenden Prätendenten habe das fragliche Recht, es stände dasselbe vielmehr einem Dritten zu. F. verhält sich gegen alles dieses schlechthin ablehnend. Er will von einer Rechtskraft des Urteils im Prätendentenstreite gegenüber dem verpflichteten Dritten gar nichts wissen. Aber er wird doch nicht leugnen können, dafs, wenn A oder B als Gläubiger einer Forderung in Frage sind, der Schuldner diese nicht bestreitet und nur nicht weifs, ob A oder B berechtigt sei, die rechtskräftige Feststellung zu Gunsten des einen oder anderen im Prätendentenstreite den Schuldner binden mufs. Davon handelte ich schon oben im Zusammenhang mit C.P.O. neuer Fassung § 75 (bisher § 72). Ist doch der Schuldner an die etwaige Abtretung der Forderung gebunden; wie sollte ihn eine rechtskräftige Feststellung, welche dahin geht, dafs A die Forderung zusteht, weil B sie ihm abgetreten, nicht binden? Es wäre ja die Berufung auf das Recht des B eine exceptio de iure tertii. Die Probe auf das Exempel ist auch hier, wie schon ausgeführt, die Hauptintervention. Die Bestimmungen der A.G.O. I, 18 §§ 3—5

[1]) D. h. derart, dafs die Bejahung des Rechtes des Einen die Verneinung des Rechtes des Anderen ist.

bestätigen diese Probe. Man beachte insbesondere das Schlufsbeispiel des § 6, nach welchem das vorzüglichere Recht des Retraktsprätendenten unter den Rivalen („Interessenten“) ausgetragen werden soll, selbstverständlich mit bindender Wirkung gegen den in diesem Punkte interesselosen Besitzer nach Art eines Prioritätsstreites. Die Interesselosigkeit des Verpflichteten ist es, welche ihm gegenüber die Prätendenten in der Frage des besseren Rechtes zu den ausschliefslich Legitimierten macht.

So wird man auch zugeben müssen, dafs bei dinglichen Rechtsverhältnissen derjenige, welcher vom Eigentümer sein Recht ableitet, ein Recht, das von der Individualität dieses Eigentümers völlig unabhängig ist, beim Streite über sie interesselos und durch das rechtskräftig in diesem Streit ergehende Urteil gebunden ist. Wie sollte auch beispielsweise der Prädialservitut-Belastete die Aktiv-Legitimation dessen bekämpfen dürfen, der als Successor des früheren Eigentümers des herrschenden Grundstücks und als Miterbe das Alleineigentum an diesem Grundstück erstritten hat? Wie kann er ihm entgegenhalten, nicht er, sondern sein anderer Miterbe sei Alleineigentümer und er daher zur Ausübung der Servitut nicht befugt? Und wie kann der Eigentümer des pfandbelasteten Grundstücks die Aktivlegitimation des Hypothekariers bestreiten, weil ein X der Berechtigte sei, wenn der Kläger dem X gegenüber bereits rechtskräftig seine Aktivlegitimation zur Feststellung gebracht hat? Diese Fragen dürfen aufgeworfen werden, unabhängig von den Grundsätzen des modernen Grundbuchsrechtes.

Ich wende mich zu unserem konkreten Streitfall. Hier sind drei Arten von Subjekten zu unterscheiden: 1. der Staat als Regalherr, 2. der Privatregalherr, 3. der Bergeigentümer. Das A.L.R. II, 16 §§ 69 fg. handelt vom Bergregal unter der General-Rubrik: Von den Rechten des Staats auf herrenlose Güter und Sachen. Es schreibt das Bergregal grundsätzlich dem Staat zu. Ist nicht ein Privatregal nachweisbar, so ist er der Regalherr im betreffenden Bezirk. Das Regal selbst ist kein wirkliches Majestäts- und Hoheitsrecht, sondern ein eigentliches staatliches Nutzungs- oder ausschliefsliches Okkupationsrecht, ein Nutzungsrecht, welches auf publizistischer Basis ruht. Ich habe schon oben betont, dafs das Privatregal sich als eine Beschränkung dieses potentiell das staatliche Gebiet ergreifenden staatlichen Rechtes darstellt, und dafs es nur dem Staate gegenüber erworben und ersessen werden kann. (A.L.R. a. a. O. § 106 vgl. mit II, 14 § 24 fg., § 35 fg.) Ob man hieraus ein rechtliches Verhältnis zwischen Staat und Privatregalherrn zu konstruieren hat, ist eine Frage von untergeordneter Bedeutung. Jedenfalls ist klar, dafs ein Privatregal nicht bestehen kann, es bestehe denn gegenüber dem Staate, und dafs es nicht erworben werden kann, es werde denn ihm gegenüber erworben. Hieraus ergiebt sich der zwingende Schlufs, dafs es nicht erstritten werden kann, es werde denn dem Staate gegenüber erstritten. Nimmermehr kann es — ich wies darauf schon oben Nr. II 10 hin — erstritten werden gegenüber einem andern Privatprätendenten. Was auch immer in solchem Prozesse herauskommen würde, das Resultat würde völlig in der Luft schweben; es wäre ähnlich, wie nach den landrechtlichen Bestimmungen II, 14, §§ 16 fg., §§ 36 fg. bei einem Prätendentenstreit über das Eigentum an Domänen, solange dieselben nicht vom Staate gültig erworben sind. Am allerwenigsten kann davon die Rede sein, dafs das Privatregal gegenüber Bergeigentümern erstritten werden könnte. Wenn nicht hier sofort die Klage wegen Grundlosigkeit des Rechts abgewiesen wird, was das Normale wäre, so würde ja selbstverständlich der Fiskus mit seiner Hauptintervention den Kläger herauswerfen. Und wenn beides nicht geschähe, und der Privatregalherr sämtliche Bergeigner des Bezirks rechtskräftig besiegen sollte, so wäre es pro nihilo, solange er nicht den Fiskus besiegt hat. Dieser würde, ohne sich an jene rechtskräftigen Urteile kehren zu brauchen, seine Regalrechte unbeirrt erfolgreich geltend machen und mit seinen eigenen Organen durchsetzen. Wollte der Prätendent, der alle bisherigen Bergeigner überwunden hat, Verleihungen vornehmen, so könnte er sich dafür nimmermehr auf seine siegreichen Urteile stützen; sie wären null und nichtig, und gerade daran erkennt man, dafs es kein rechtskräftiges Erstreiten des Privatregals gegenüber den Bergeigentümern giebt; es ist, wie ja auch F. besonders markiert, ein absolutes, auf Grund und Boden radiziertes Recht. Ansprüche auf einzelne Zehntbezüge lassen sich abtreten, ohne dafs das Regal übertragen wird; dieses selbst läfst sich nicht denken, wenn nicht das Verleihungsrecht, und zwar im Regalbezirk, besteht. Wohl aber läfst es sich denken, ohne dafs im Regalbezirk auch nur ein Bergeigentümer sich befindet. Verurteilungen von einzelnen Bergeigentümern gegenüber einem Prätendenten, dessen Privatregal noch nicht erstritten ist, können ja den unglücklichen Kondemnierten zu fortdauernden Leistungen an den Sieger zwingen; aber sie können ihn nie zu seinem Regalunterthanen machen.

Und was von solchem Siege des Prätendenten gilt, gilt umgekehrt von dem Sieg eines Bergeigentümers gegenüber dem wirklichen Privatregalherrn. Sollte dieser nicht nur von einem, sondern von vielen der Bergeigentümer seines Bezirks in Streitigkeiten wie der vorliegenden besiegt werden, so würde er damit keineswegs aufhören, der Privatregalherr des Bezirks zu sein, nur würden die Sieger von dem Privatregal eximiert erscheinen. Wie er solche Exemtion rechtsgeschäftlich bewilligen könnte, so kann sie ihm gegenüber erstritten werden.

Aus alledem folgt unwiderleglich, dafs der legitimus contradictor des Privatregal-Prätendenten für die Vindicatio iuris und zwar eines bisher n i c h t erstrittenen Privatregals der Fiskus und nur der Fiskus sein kann. Ist ihm gegenüber das Privatregal durchgesetzt, so besteht 'es für den Bezirk, für welchen es durchgesetzt ist. Hier wird gültig durch den Privatregalherrn verliehen; hier ist er und nicht mehr der Fiskus der Berechtigte. Hier kann und will dieser das Regalrecht nicht mehr in Anspruch nehmen, denn es ist ihm rechtskräftig abgesprochen, und wollte er es dennoch, so müfste er dem principaliter intervenierenden Privatregalherrn weichen. Hier beleiht dieser jetzt allein. Hier zieht er die aus dem Regal fliefsenden Nutzungen, und dem kann keiner der bisher regalunterworfenen Nutzungspflichtigen den Einwand aus dem Rechte des Fiskus, eine solche Exceptio de iure tertii entgegenhalten. Denn ihm begegnet die Replicatio, dafs dieses Ius nicht existiert, weil es rechtskräftig im Streite des Fiskus mit dem Prätendenten diesem zugesprochen.

Etwas ganz anderes ist es mit dem Streite von Regalprätendenten untereinander: dieser setzt, wie gesagt, die Existenz des Privatregals voraus und dreht sich um die Frage: Wer ist der Herr? Dafs die hierüber ergehende rechtskräftige Entscheidung die Regalunterworfenen binden würde, ergiebt sich zwar aus den obigen Ausführungen, kommt aber für den gegenwärtigen Prozefs gar nicht in Betracht. Fremdes Regalrecht würde nur dann in ihm eine Rolle spielen, wenn die Klägerin sich auf solches stützen wollte, um das des Beklagten zu bekämpfen. Das Gegenteil ist der Fall, denn sie will jedes Regals ledig werden. Auch der zweifellose Satz, dafs die rechtskräftige Entscheidung zwischen Fiskus und den Rechtsvorgängern des Beklagten, durch welche das Privatregal erst erstritten wurde, keine Res iudicata bildet gegenüber einem Dritten, der sich dieses Privatregal anmafst, hat für den gegenwärtigen Prozefs keine Erheblichkeit. Was also F. in dieser Beziehung vorbringt, bedeutet nichts für die Frage der Rechtskraft der gegen den legitimus contradictor erstrittenen Entscheidung zwischen den Parteien des gegenwärtigen Prozesses. Diese Rechtskraft steht aufser Zweifel. Wie sich, nachdem die Vorurteile ergangen, auf sie die Regalunterthanen dem Fiskus gegenüber berufen dürften, falls er ihm abgesprochene Regalrechte gegen sie hätte geltend machen wollen, so müssen sie sich gefallen lassen, dafs der Privatregalherr sich auf dieselben beruft ihnen gegenüber dafür, dafs Privatregal besteht, und dafs es für ihn besteht.

Leipzig, den 2. Dezember 1898.

Exkurs zum legitimus s. iustus contradictor des gemeinen Rechts. F. hat den im Text S. 90 abgedruckten Satz, unerachtet meiner Hinweise auf gemeinrechtliche Litteratur, wiederholt — freilich mit der wohlfeilen Einschränkung „auf die in der Gegenwart noch in Betracht kommende gemeinrechtliche Litteratur“ und unter Abweisung der „älteren“, welche nur dogmengeschichtliches Interesse habe, da sich ein fortbestehendes Gewohnheitsrecht nicht erweisen lasse. — Aber es handelt sich (s. oben S. 50 Note 1) nicht um solches, sondern um die logische Handhabung des Rechts. Der Weg zur richtigen Erkenntnis und Beurteilung der gegenwärtigen Frage eröffnet sich nur dem, der 1. weifs, dafs eine derartig gelagerte Frage in den Quellen, ja auch in der bisherigen Litteratur nicht behandelt ist, 2. dafs es eine fortschreitende Erkenntnis giebt, der man nicht mit dem Epitheton „unerhört“ entgegentreten darf, die man vielmehr auf ihre inneren Gründe zu prüfen hat, 3. dafs der dogmengeschichtliche Nachweis der neuen Lehre durch das Schweigen selbstzufriedener neuerer Litteratur nicht an Wert verliert. Denn diese hat ihren Scharfsinn und Fleifs unter Abwendung vom Leben mit Vorliebe der Untersuchung altrömischen Rechts gewidmet. Sie bedarf dringend der Fortführung und Vertiefung, insbesondere an der Hand der Kasuistik und mit dem Mittel gesunder Logik. —

Was nun zunächst die textlichen Anführungen anbetrifft, so bestätigt das schon im 1. Gutachten S. 24 ang. Urteil des O.A.G. Kassel ebensosehr meine Ansicht, wie Wächters Auffassung ihr zur Stütze dient. Aber es läfst sich meine These in der gemeinrechtlichen Theorie vom Mittelalter bis zu der Zeit verfolgen, in der die historische Schule die Aufmerksamkeit auf die gelehrte Erforschung des klassischen römischen Rechtes konzentrierte und man im Streit über positive und negative Funktion, exceptio rei iudicatae und rei in iudicium deductae, a⁰. iudicati und dergleichen, das, was uns selbst angeht und not thut, aus den Augen verlor.

Der Ausdruck „legitimus contradictor“ hat sich, wie es scheint, im Anschlufs an l. ult. C. de edicto divi Hadriani tollendo von der Glosse her in der wissenschaftlichen Terminologie eingebürgert und den des „iustus“ contradictor zurückgedrängt (vgl. gl. contradictor ad h. lg.). Odofredus sagt in seiner Lectura zu dieser Stelle: „hic dicitur: ubi petit quis mitti in honorum possessionem defuncti si non exsistit legitimus contradictor procedit missio, alias si exsistit legitimus contradictor, non procedit missio. Sed quis dicitur legitimus contradictor? Et dixit dominus Azo in summa huius tituli et bene, quod ille dicitur legitimus contradictor, qui pretendit similem causam contradicendi quam actor mittendi.“ In der Rechtskraftslehre verwendet er den Ausdruck noch nicht, wohl aber den des legitimus defensor, ad l. res inter alios C. quibus res iud. non noc. Später wird der Terminus in dieser Verbindung fest und technisch. Es genügt für die italienische Litteratur, aus Scaccias Werken zu referieren. Der legitimus contradictor ist der „cuius principaliter interest“ (De sententia et re iudicata Venetiis 1669, gl. 14, q. 12, n. 63, Tract. de commerc. Venetiis 1669, § VII gl. 5 n. 138) oder auch „quem ista causa praecipue et primo loco tangit“ (De sent l. c. n. 32). Ähnlich definirt Donellus comment. de iure civili lib. XXVIII, n. 40: „legitimos contradictores vocamus eos, ad quos res, de qua actum est principaliter pertinet suo nomine aut certe pertineret, si hi essent quales se esse intendunt; ut in quaestione de testamento iusti contradictores sunt heredes scripti et legitimi, quia ad istos hereditas pertinet, in qua vis est et fundamentum testamenti. Et ideo si fingas, legatarium petiisse legatum ab herede scripto et cum heres diceret, legatum non deberi, quia testamentum ruptum aut iniustum aut inofficiosum esset, si id ita inter eos pronunciatum sit, tamen ea sententia nequaquam aliis legatariis legatum petentibus aut heredibus scriptis nocebit l. 1 inf. de except. rei iud. Quippe in quaestione de testamento legatarius non est iustus contradictor: id est, non is, ad quem testamentum principaliter pertinet. Et quod idem est, legatarius principaliter agit de legato, ex cuius vi testamentum non pendet. Agit igitur de testamento per consequentiam et propter legatum, non principaliter. Et ita conciliari debet l. 1 de exc. rei iud. cum l. Papinianus § ult. sup. de inoff. testam.“

Wie oben S. 93 ausgeführt wird, erkennt auch Scaccia de sent. l. c. n. 31 f. an, dafs es mehrere aequales contradictores geben könne, und dafs in solchem Falle das Urteil gegenüber dem einen nicht Rechtskraft schafft gegenüber dem andern.

In der Frage der subjektiven Grenzen der Rechtskraft lehrt Cinus in seinem Kommentar zum Codex ad l. res inter alios C. quibus res iud., dafs die vom legitimus contradictor — den Ausdruck braucht er hier nicht — erstrittene Sentenz, welche sententia declaratoria iuris sei, d. h. absolutes Recht feststelle, allen gegenüber (mit Ausnahme dessen, cuius aeque principaliter interest), in Bezug auf ihre konnexe Rechtsstellung Rechtskraft wirke [1]). Gestützt auf Jacobus Buttrigarius entwickelt Baldus ähnliche Gedanken zur citierten Stelle, wobei er den über die Statusfrage weit hinausgreifenden Satz formuliert, dafs das im Prozefs des legitimus contradictor ergangene Urteil, welches de conditione personae spricht, absolute Rechtskraft schaffe. Dahin zählt er auch die Feststellung, dafs die Partei sei adscripticius oder censitus, denn das treffe den status personae et immobilis [2]). Scaccia verteidigt in beiden von mir angeführten Werken als feststehendes Dogma, dafs das Urteil Dritten präjudiziere:

„quando sententia est lata cum legitimo contradictore id est cum eo cuius principaliter interest et a quo alii habent ius consecutivum, quia tunc illa sententia facit ius quoad omnes etiam non intervenientibus et non citatis.

Dieser Lehre kommt eine gewisse Universalität zu. Sie greift Platz über Italien hinaus, in Frankreich, Spanien und in Deutschland. Schon Scaccia stützt sich auf des Andreas Tiraquellus tract. in tit. Res inter alios acta (op. omnia tom. V Venetiis 1588, p. 103 sq.), welcher unter Anführung zahlreicher italienischer Schriftsteller behauptet, es wirke das Urteil gegen den Dritten, „cuius solum accessorie et in consequentiam agitur“, dagegen nicht gegen den, „de cuius praeiudicio principaliter agitur“. Unter Berufung auf Angelus weist Tiraquell die Ansicht zurück, dafs es einer citatio des Dritten bedürfe:

„quod sententia lata contra unum, quem negotiam principaliter

---

1) Dieser Satz schleppt sich bis zur Ungestalt verallgemeinert in die spätere deutsche Doktrin fort. S. dag. Leyser, Medit. sp. 471.

2) Petrus de Ravenna singularia (Frankfurt 1596), N. 826 zählt hierher auch das Urteil über das Gemeindebürgerrecht.

tangit, praeiudicat per quendam necessariam consequentiam ei quem negotium accessorie tangit etiam si non fuit citatus“ (p. 107), —

wenn schon Intervention verstattet sein kann. Das führt er an Beispielen aus und rechtfertigt es aus dem Dispositionsprincip („actus potest fieri absente parte, quando pende tex voluntate eius qui facit“, p. 108). In seiner weitläufigen Erörterung erscheint auch die causa status im weitesten Sinn, der Fall der l. 63 D. de R. I., der Konnexität, der Unteilbarkeit der Sache (Servitutenstreit): p. 111.

Von hervorragender Bedeutung aber erscheint die Deduktion Donells a. a. O., welche in der ihm eigenen Selbständigkeit und genialen Energie den Gegenstand erfaſst. Nachdem er die Regel der auf die Parteien beschränkten Rechtskraft im Anschluſs an die l. saepe D. de R. I. behandelt und dahin festgestellt hat:

„Res inter alios iudicatas aliis, quamvis in communi et pari causa, quamvis scientibus et intervenientibus, non nocere: praeterquam in una hac specie, cum de proprietate et iure rei ad nos pertinentis actum et iudicatum sit de iure nostro, ita nobis res iudicata oberit. Unde intelligitur, eam aliis ignorantibus nunquam nocere: scientibus vero in hac solum specie, quam dixi“,

prüft er ihre Gemeingültigkeit und die wahren und scheinbaren quellenmäſsigen Ausnahmen. Von diesen läſst er gelten das Urteil im Inofficiositätsstreit, im Status- und Ingenuitätsprozeſs, — aber auch hier findet er keinen eigentlichen Gegensatz zur Ansicht des Macer; denn dieser handele nur davon, wenn de eadem re principaliter iterum agitur; dagegen sei in den sog. Ausnahmefällen die Sache anders. Und jetzt stellt er das Prinzip auf:

„agitur de accessionibus et consequentiis rei iudicatae, non de re ipsa quae principaliter iudicata est. — De hoc geneer ita recte statuimus in universum: sententiam de re aliqua principali latam inter legitimos contradictores id est eos, ad quos ea res pertinet, ius facit inter quascunque alias personas, eisque nocet de accessionibus et consequentiis rei prius iudicatae inter se quandoque contendentibus.“

Das hält er für unabweisbare logische Notwendigkeit:

> „Quam sententiam ut cetera argumenta et omnia exempla in eam desint ipsa natura rerum a nobis extorquet. Nam cum principalis res non consistit, ea quae inde solum pendent et efficiuntur, stare non possunt."

Die quellenmäfsigen Entscheidungen sind Anwendungsfälle des Prinzips, wie er ausführlich nachweist. Und er thut das mit scharfer Betonung des Erfordernisses des legitimus contradictor:

> „Dixi haec ita esse, si actum erit de re principali principaliter et quod idem est inter legitimos contradictores",

diesen Begriff weiter — und im Sinn meiner textlichen Ausführungen — bestimmend. Dafs er unseren Streitfall in unserem Sinn entschieden hätte, ist sonach zweifellos.

Didacus Covarruvias a Leyva, einer der einflufsreichsten und bedeutendsten spanischen Juristen, ein Zeitgenosse des Donell, aber von diesem ganz unabhängig, führt in seinen Quaestiones (opera, Antwerpen 1610, p. 432), cap. 13 nach einer, tiefere Einsicht in das Wesen der Rechtskraft enthüllenden Ausführung, im Anschlufs an Panormitanus und Alexander aus: es wirke das Urteil für und wider Dritte Rechtskraft propria vi ac natura ohne Kenntnis und Beiladung in vielen Fällen (saepissime), und zwar:

> „ubi lis tractatur cum legitimo contradictore, a quo aliorum ius in eadem re derivatur et oritur et qui primas obtinet in ea controversia partes. In hac etenim specie sententia lata facit ius quoad omnes, etiamsi nec litigaverint, nec vocati fuerint ad iudicium, nec scientiam litis controversae habuerint."

Er deduziert aus den Gesetzesstellen über den Filiationsprozefs und dessen Natur, aus Legitimitäts-, Ingenuitäts-, Majorats-, Lehns-, Kollationsstreitigkeiten u. s. w.[1]).

In Deutschland hat die Lehre willige Aufnahme gefunden, wenn auch, wie selbstverständlich, viele über Rechtskraft Schreibende die Frage nicht berühren oder Neigung zur Beschränkung zeigen, indem sie auf die Wissenschaft des Dritten abstellen. Das ist bei Zanger, Leyser, Struve, Seyfart, Brunnemann u. a. m. der Fall. Dagegen ist beachtenswert, dafs Benedict Carpzov, dessen

---

[1]) Für Spanien zu vgl. auch Gonzalez Tellez Comm. ad c. 25 X de R. I. und den oben S. 90 citierten Ramos del Manzano, lib II c. 21, n. 5.

Lehre bekanntlich die Praxis wirksamst beeinflufste, in seinem Definitiones forenses P. 1, Const. 26, dif. 16 sagt:

„accidit tamen quandoque, ut etiam tertio, contra quem actum non est, noceat sententia inter alios lata, quando nempe causa tractatur cum legitimo contradictore vel defensore, qui primas habet agendi et defendendi partes, a quo ius aliorum dependet et derivatur, quod maxime accidit in causis praeiudicialibus de statu — — itemque si de iure primogenii et fideicommissi tractatur. — — Nocet ergo quandoque sententia etiam ignorantibus, etsi de hoc nihil dixerit ICtus in l. saepe D. de R. I. quod fortassis ideo omisit, quia hoc fit ex speciali causa praejudicii, quod ex sententia emergens et ipsam rem afficiens per consequentiam necessariam aliis quoque obstaculo est et impedimento[1]).“

Übereinstimmend lehrt Samuel Stryk in der oben S. 90 ang. Schrift: zu den Dritten, denen die res iudicata nicht präjudiziere, gehören nicht diejenigen, „quorum ius dependet a iure legitimi contradictoris quocum hactenus actum et contra quem iudicatum.“ Und genau so entwickelt Siverdinck in seiner Schrift de sententia et re iudicata, Basel 1620, p. 21, auch ohne das Wissen schade und nütze das Urteil „cum lis tractatur cum legitimo contradictore et eo, qui primas obtinet in ea controversia partes, a quo aliorum ius in ea re derivatur.“

In Franckenbergs Werk de effectu rei iudicatae advers. eos, qui in lite non fuerunt, Marburg 1770, wird als erster Grund für die Rechtskraft gegen Dritte angeführt (§ 7): „quod res contra eum iudicata, cui actio vel defensio primario competit, iis quoque praeiudicat, qui secundo vel ulteriori loco ius actionis vel defensionis habent“, und später (§ 12): „sententia inter alios dicta quae per necessariam consequentiam alterius ius excludit non potest non huc pertinere.“

F. E. Puffendorf, observat. III, obs. 64 fg. beschäftigt sich eingehend mit der l. 63 D. de R. I. und den Ausdehnungen der Rechtskraft. In der obs. 64, § 6 behauptet er: „principio expediti iuris est, auctori vel sequenti etiam ignoranti nocere sententiam contra eum latam cui primum actio vel defensio competit“;

---

[1]) Vgl. auch denselb. l. c. def. XVII.

und in obs. 65 wendet er den Satz an auf einen Rechtsstreit über eine Holzungsgerechtigkeit.

Scharf wird in Westfelds Diss. de re iudicata, Gött. 1832 das Prinzip dahin gefafst: res iudicata ius facit inter eos quorum ius non valet, nisi valet ius eius qui egit. Und für die Frage der Sachlegitimation präzisiert es Arnold a. a. O., oben S. 90, dahin, dafs die Rechtskraft sich auf die Dritten erstrecke, wenn unter denen, welche die zum Streit hierüber Berechtigten sind, eine Frage der Aktiv- oder Passiv-Legitimation entschieden ist.

Nachtrag. Es mag gestattet sein noch auf R.Ges. zum Schutz der Warenbezeichnungen vom 12. Mai 1894 § 9 Abs. 4 zu verweisen: „Hat vor oder nach Erhebung der Klage ein Übergang des Warenzeichens auf einen Andern stattgefunden, so ist die Entscheidung in Ansehung der Sache auch gegen den Rechtsnachfolger wirksam und vollstreckbar.“ —

Rechtsgutachten

betreffend

das Privatbergregal der Herrschaft Myslowitz-Kattowitz

von

Dr. Paul Laband,

ordentl. Professor der Rechtswissenschaft in Strassburg i. E.

Das gegenwärtige Rechtsgutachten hat die Fragen zum Gegenstand,

> ob und inwieweit die Anerkennung des Bergregals des Eigentümers der Herrschaft Myslowitz durch rechtskräftige Urteile die Wirkung hat, dafs alle in dem Bezirke dieses Rechts bergbautreibenden Personen ohne weiteres diesem Recht und der darin enthaltenen Zehntabgabenverpflichtung unterliegen, und
>
> ob deshalb der Regalherr gegen die negative Feststellungsklage eines Zehntverpflichteten, dafs er dem Zehnten nicht unterliege, weil das Regalrecht nicht bestehe, sich auf Grund der gegen den preufsischen Fiskus erstrittenen obsieglichen Erkenntnisse mit der exceptio rei judicatae schützen könne.

Die Beantwortung dieser Fragen ergiebt sich aus der rechtlichen Natur des Privatbergregals.

Das Bergregal ist nach der zutreffenden Definition, welche Arndt, Allgem. Berggesetz für die preufsischen Staaten (2. Auflage 1888), § 4 giebt:

> „das dem Staate oder einem Privatmanne zustehende Recht, mit Ausschlufs aller anderen, auch des Grundeigentümers, über gewisse Mineralien aus eigenem Rechte verfügen zu dürfen. Das Bergregal setzt demnach nicht voraus, dafs nur der Regalinhaber allen Bergbau allein betreibt, sondern nur, dafs niemand

aufser ihm kraft eigenen Rechts, vielmehr jeder nur kraft des ihm vom Regalinhaber verliehenen Rechts Bergbau treiben darf."

So wie das Bergregal nicht darin besteht, dafs der Regalberechtigte den gesamten Bergbau in seinem Regalgebiet selbst betreibt, so erschöpft sich andererseits der Inhalt des Bergregals nicht in der Befugnis zum Bergbau, sondern er besteht in der Ausschliefslichkeit dieser Befugnis in dem Sinne, dafs nur der Regalinhaber selbst und derjenige, dem er die Ausübung dieser Befugnis verleiht, zum Bergbau berechtigt ist. Die Grundlage des Bergregals ist daher das gesetzliche Verbot, ohne Genehmigung des Regalinhabers Bergbau zu betreiben. Auf diesem Verbot beruht die Ausschliefslichkeit, welche für das Recht des Regalinhabers charakteristisch ist; in diesem Verbot besteht die oft hervorgehobene Ähnlichkeit und juristische Verwandtschaft der Regalien und Monopole.

Aus diesem Charakter des Regals ergiebt sich, dafs es nicht durch Rechtsgeschäfte, sondern nur durch einen objektiven Rechtssatz begründet werden kann, und dafs es in allen Fällen seinen Ursprung in der objektiven Rechtsordnung hat. Denn der specifische Inhalt des Regals besteht in einer Beschränkung der allgemeinen Handlungsfreiheit, der Freiheit zur wirtschaftlichen Ausnutzung des Grund und Bodens und der Freiheit des Gewerbebetriebs. Eine solche Beschränkung der allgemeinen persönlichen Freiheit kann nur begründet werden von der öffentlichen Gewalt, welche die Befugnis hat, der persönlichen Freiheit der Unterthanen Mafs zu setzen; sie kann nur gedacht werden als Ausflufs einer Herrschaft, welche den ihr Unterworfenen mit rechtlicher Kraft befehlen kann, was sie thun und was sie lassen müssen. Das Regal ist daher kein Recht, welches gegen einzelne, individuell bestimmte Personen gerichtet ist, sondern es besteht gegenüber jedem, welcher unter der

Herrschaft des das Regal anerkennenden Rechtssatzes steht. Das Regal ist ebensowenig ein dingliches Recht an einzelnen, konkret abgegrenzten Grundstücken, sondern es erstreckt sich ohne Rücksicht auf die an der Oberfläche bestehenden Eigentums- und Besitzverhältnisse und auf die wechselnde Verteilung, Vereinigung und Abgrenzung der Grundstücke als ein einheitliches Recht auf das Territorium, für welches es durch das objektive Recht begründet ist. Das Regal erstreckt sich wie die Staatsgewalt selbst und wie das von ihr ausgehende Recht auf Land und Leute; es ist der Reflex des in einem bestimmten Gebiete geltenden Rechtssatzes, und nur als sekundäre Erscheinungen, als durch bestimmte Thatbestände vermittelte Wirkungen ergeben sich dingliche Beschränkungen des Eigentums, an den einzelnen Grundstücken und persönliche Leistungsverpflichtungen bestimmter Individuen. Es tritt dies zu Tage in der Thatsache, dafs das Regal auch an solchen Bezirken bestehen kann, in welchen gar kein Bergbau betrieben wird, in denen daher die bezeichneten Wirkungen thatsächlich noch nicht eingetreten sind und vielleicht überhaupt nicht eintreten.

Das gesetzliche Verbot, welches den charakteristischen Inhalt des Regals bildet, und aus welchem die ausschliefsliche Berechtigung des Regalberechtigten als eine begrifflich notwendige Folge sich ergiebt, ist — wie das Wort „Regal“ zum Ausdruck bringt — zu Gunsten des Trägers der Staatsgewalt erlassen. Das Regal ist ein kraft objektiven Rechtssatzes dem Staat ausschliefslich zustehendes Recht. Davon machen auch die Privatregale nur scheinbar eine Ausnahme. Im Grunde beruhen auch sie auf dem durch objektives Recht begründeten Recht des Staates. Sie sind entweder vom Träger der Staatsgewalt dem Regalinhaber verliehen worden, also von seinem Rechte abgeleitet, wie z. B. im Mittelalter die Fürsten die Regalien durch die Belehnung mit einem Fürstenlehen vom Könige empfingen; oder sie sind

Überreste einer ehemaligen Staatsgewalt, wie z. B. die Regalien der deutschen ehemals reichsunmittelbaren Standesherren und der schlesischen Herzöge und Fürsten.

Das Bergregal des Eigentümers der Herrschaft Myslowitz beruht historisch auf einer Verbindung dieser beiden Erwerbsarten. Es ist ein Residuum der ehemaligen Fürstenrechte der schlesischen Piasten. Die letzte Wurzel dieses Rechtes ist die Landesherrschaft über das Fürstentum Plefs, welche das ausschliefsliche Recht zum Bergbau involvierte. Der Ursprung dieses Privatregals liegt in dem im Mittelalter geltend gewesenen Rechtssatze:

> „Im Fürstentum Plefs darf niemand als der Fürst und derjenige, welchem dieser es gestattet, Bergbau treiben."

Dieses Recht ist dem Fürsten von Plefs verblieben, auch nachdem das Fürstentum als ein feudum oblatum unter die Hoheit der böhmischen Krone kam, und es ist in einem gewissen Gebietsteile des ehemaligen Fürstentums durch Übertragung auf die Eigentümer der Herrschaft Myslowitz gelangt. Der Übergang des Regals von dem ehemaligen Träger der Staatsgewalt auf die jetzigen Eigentümer von Myslowitz hat sich durch Rechtsgeschäfte vollzogen; diese Rechtsgeschäfte haben aber das Regal nicht geschaffen, sondern es bereits als ein Objekt, über welches rechtsgeschäftlich verfügt werden konnte, vorgefunden; entstanden ist es als ein Bestandteil der landesherrlichen Rechte.

Auch im Besitze von Privatpersonen bewahrt das Regal die seinem Ursprung und Wesen entsprechende Natur. Auch das Privatregal beruht auf dem gesetzlichen Verbot, dafs niemand diejenigen Befugnisse ausübe, welche dem Regalinhaber vorbehalten sind. Auch das Privatregal ist kein Rechtsverhältnis gegenüber individuell bestimmten Personen und kein Recht an individuell bestimmten Grundstücken. Auch das Privatregal kann nicht durch Rechtsgeschäfte mit Privatpersonen begründet werden, sondern beruht auf der öffentlichen Rechtsordnung.

Das Privatregal ist ein Rechtsverhältnis zwischen dem Regalinhaber und dem Staat. Es besteht in der Verpflichtung des Staats, die Ausübung des Regals seitens des Berechtigten zu dulden und zu schützen; sie weder durch Akte der Verwaltung, noch durch Akte der Gesetzgebung unmöglich zu machen; weder selbst in dem Regalbezirke die dem Regalinhaber vorbehaltenen Rechte auszuüben, noch die gesetzlichen Verbote, auf welchen das Regal beruht, in dem Gebiete des Privatregals aufzuheben.

Das Privatregal ist eine Beschränkung des Staates hinsichtlich der Ausübung der Staatsgewalt. Der Anspruch des Privatregalberechtigten richtet sich prinzipiell gegen den Staat und erst in zweiter Linie, soweit die Wirkungen der Regalberechtigung in Frage kommen, gegen Privatpersonen. Durch die Einräumung eines Privatregals verfügt der Staat über die Freiheit und die Rechte seiner Unterthanen ganz ebenso wie durch die Einführung eines Regals oder Monopols zu Gunsten des Fiskus. Die Unterthanen sind nicht die dem Regalberechtigten gegenüberstehenden Subjekte, sondern sie — oder genauer ihre Freiheit — ist das Objekt, über welches der Staat durch die Bewilligung oder Anerkennung eines Privatregals zu Gunsten des Erwerbers desselben verfügt. Der Staat bringt einen Teil der wirtschaftlichen Freiheit seiner Unterthanen zum Opfer und unterwirft sie dem Regalberechtigten in dessen Privatinteresse. Da es unmöglich ist, dafs der Staat über dasselbe Stück wirtschaftlicher Freiheit der Unterthanen nochmals, etwa in seinem eigenen fiskalischen Interesse, verfügt, so liegt in jedem Privatregal auch eine Beschränkung der Staatsgewalt selbst; es wird ihr durch das Privatregal ein gewisses Objekt entzogen.

Man kann nicht einwenden, dafs dem Staate eine solche Verfügung über die Freiheit seiner Unterthanen zu Gunsten eines Privatberechtigten nicht zustehe. Es mag dahingestellt bleiben, ob nach dem heutigen Staatsrecht die Verwaltungsorgane des Staates ein solches Recht haben, und ob gegenwärtig Privatregale von den Verwaltungsbehörden oder von dem Landesherrn als dem obersten Träger der staatlichen Verwaltungsbefugnisse verliehen werden können. Aber in denjenigen Zeiten, in welchen die Privatregale entstanden sind, stand dem Landesherrn eine solche Verfügung von Rechts wegen zu, und er war kraft seiner Landeshoheit befugt, das ihm zustehende Recht auf die Bergwerksschätze bei der Veräufserung eines Teiles seines Gebietes auf den Erwerber desselben mitzuübertragen. Auch dem heutigen Rechte sind Berechtigungen ähnlicher Art auf Grund besonderer Gesetze nicht unbekannt; so z. B. das Urheberrecht, das Patentrecht, das ausschliefsliche Recht an Gebrauchsmustern und Modellen u. s. w. Auch diese Rechte richten sich nicht gegen bestimmte Verpflichtete, sondern bewirken eine wirtschaftliche Freiheitsbeschränkung aller, wenigstens für eine bemessene Zeit; sie weisen in zahlreichen Beziehungen eine Analogie mit den Privatregalien auf, was hier nicht näher dargelegt zu werden braucht. Es kommt hier nur auf den Hinweis an, dafs auch dem heutigen Recht die Konstituierung von ausschliefslichen wirtschaftlichen Befugnissen, durch welche die Handlungs- und Gewerbefreiheit aller, mit Ausnahme des Berechtigten, in einer gewissen Beziehung beschränkt wird, nicht unbekannt ist. Auch der Kern aller dieser Rechte ist ein gesetzliches Verbot, dessen Effekt das ausschliefsliche Recht des Urhebers, Patentinhabers u. s. w. zur wirtschaftlichen Ausnutzung ist.

Die Erkenntnis von dem wahren Wesen des Privatbergregals als eines Rechtsverhältnisses zwischen dem Regalinhaber und dem Staat ist für die richtige Beurteilung der Rechte des Regalinhabers von mafsgebender Bedeutung.

Daraus, dafs das Privatbergregal ein Recht gegen

den Staat ist und nur von diesem, dagegen ebensowenig wie das Regal des Fiskus durch Rechtsgeschäfte der Unterthanen begründet werden kann, und dafs die Bergbautreibenden des Privatregalbezirks dem Regal unterworfen sind nicht kraft *ihres* Willens, sondern kraft des sie bindenden *Staatswillens*, folgt, dafs, wenn das Regal dem Staate gegenüber rechtskräftig festgestellt ist, es ipso jure in dem Gebiet, für welches es anerkannt ist, Geltung hat und die in diesem Bezirk bergbautreibenden Personen ihm unterworfen sind, und zwar nicht, weil sie in einem besonderen Rechtsverhältnis zum Privatregalinhaber stehen, sondern weil sie der Staatsgewalt dieses Bezirks unterworfen sind. Das Privatregal als solches *kann* überhaupt *nur dem Staat gegenüber* in Anspruch genommen und gegen ihn prozessualisch erstritten werden; gegen die einzelnen Bergbautreibenden können immer nur die *Wirkungen* des Regals geltend gemacht werden. Die Berufung des Privatregalbesitzers auf die dem Fiskus gegenüber ergangene Entscheidung ist keine exceptio de jure tertii, sondern die Angabe des Rechtsgrundes des Privatregals. die Widerlegung der Behauptung, dafs das Privatregal nicht bestehe. Ist dem Staat gegenüber rechtskräftig festgestellt dafs das Privatbergregal besteht, so besteht es gegen jeden, den es angeht. Hierfür ist es gleichgültig, ob man dem rechtskräftigen Urteil konstitutive Kraft zuschreibt oder in ihm nur die deklaratorische Feststellung des Rechts erblickt.

Trotzdem hat das gegen den Fiskus ergangene Urteil nicht ohne weiteres auch *formelle* Rechtskraft gegen die einzelnen Bergbautreibenden oder Grundbesitzer; denn die Geltendmachung der im Bergregal enthaltenen Befugnisse gegen den einzelnen Bergwerkseigentümer kann aus mancherlei Gründen beschränkt oder ausgeschlossen sein. Das Privatbergwerksregal hat, gleichviel ob man es für ein öffentliches Recht oder für ein Privatrecht ansieht, in jedem Falle den Charakter eines *subjektiven* Rechts des Regalinhabers, welches zu seinem Vorteil und in seinem Interesse besteht. Er kann daher auf die im Bergregal enthaltenen Befugnisse teilweise zu Gunsten einzelner Personen verzichten; er kann ihnen die Abgaben erlassen oder vermindern. Dem Bergbautreibenden mufs es daher unbenommen sein, sowohl klagend wie einredeweise geltend zu machen, dafs, obgleich das Bergregal besteht, er aus einem besonderen Grunde einzelnen daraus abgeleiteten Gerechtsamen nicht unterworfen sei; aber er kann das dem Staat gegenüber rechtskräftig festgestellte Regal als solches nicht wieder in Frage stellen und über den Bestand desselben einen Rechtsstreit herbeiführen. Es müfste zur gröfsten Verwirrung des Rechtszustandes führen, wenn das Regal von den staatlichen Bergbehörden anerkannt und respektiert würde, einzelnen Bergbautreibenden gegenüber dagegen durch rechtskräftige Urteile als nicht begründet erklärt werden könnte. Wer sollte in einem solchen Falle die mit dem Privatbergregal verbundenen Verwaltungsbefugnisse ausüben?

Ist dem Staat gegenüber die rechtliche Existenz eines Privatbergregals rechtskräftig festgestellt, so hat der Staat die Pflicht dieses Recht zu schützen und anzuerkennen. Diese Pflicht gilt für alle Äufserungen der Staatsgewalt; sie bildet eine materielle Schranke der Gesetzgebung; sie ist mafsgebend für die staatlichen Verwaltungsbehörden; sie bindet auch die Gerichte. Der in jedem rechtskräftigen Urteil enthaltene Befehl erstreckt seine Wirkungen (wie ich in meinem Staatsr. des Deutschen Reichs Bd. II S. 335 [3. Aufl.] ausgeführt habe) auch auf die Staatsbehörden, insbesondere auf die Gerichte selbst. Auch sie haben das rechtskräftige Urteil als die staatlich anerkannte und mit Rechtsschutz ausgestattete Normierung eines Rechtsverhältnisses anzusehen und es bei den weiteren Verfügungen, z. B. zum Zwecke der Sicherstellung oder Vollstreckung, oder bei ferneren konsekutiven Entscheidungen zu befolgen, ohne dafs es ihnen gestattet ist, die Richtigkeit desselben in Frage zu ziehen. Dies alles gilt auch von den Feststellungsurteilen. Auch sie enthalten die Imperative an die Parteien wie an die Organe der Rechtspflege, sich so zu verhalten, wie es den aus dem Feststellungsurteil abzuleitenden logischen Schlufsfolgerungen entspricht. Wenn die negative Feststellungsklage eines Zehntverpflichteten, dafs er dem Bergzehnten nicht unterliege, nur auf die Behauptung gestützt würde, dafs das Regalrecht des Eigentümers der Herrschaft Myslowitz in dem Bezirke, für welchen das Privatregal in den gegen den Fiskus ergangenen Entscheidungen rechtskräftig festgestellt worden ist, nicht bestehe, so würde der Klage die exceptio rei iudicatae mit Recht entgegengesetzt werden können.

Dagegen könnte dieser Grundsatz in dem Falle nicht Platz greifen, wenn ein Bergbautreibender die actio negatoria darauf gründet, dafs er, trotzdem das Privatregal besteht, aus besonderen Gründen von der Zehntpflicht befreit ist. Es verhält sich mit dem Bergzehnten nicht anders wie mit dem Kirchenzehnten. Besteht derselbe kraft Gesetzes in einem gewissen Bezirk, so ist ihm jedes Grundstück zwar von Rechtswegen unterworfen, ohne dafs der Zehntherr dafür einen besonderen Rechtstitel nachzuweisen braucht; wohl aber kann der Besitzer eines Grundstücks dem Zehntanspruch den Einwand entgegen setzen, dafs er aus besonderen Gründen (Ablösung, Verzicht, Verjährung, persönliche Exemption) von der Entrichtung des Kirchenzehntens befreit ist. Vgl. Preufs. Allgem. Landrecht II. Tit. 11. §§ 862, 869 ff.

In dieser Beziehung wird die Frage von Erheblichkeit, welche rechtliche Bedeutung dem Vertrage vom 23. Dezember 1851 und der Eintragung des Zehntrechts im Hypothekenbuch (Grundbuch) und dem Verhalten der Bergwerkseigentümer zukomme.

Da das Regal zu seiner Existenz einen Rechtssatz voraussetzt, der jeden dem Regal widerstreitenden Bergbau verbietet, so kann das Regal unter keinen Umständen durch Rechtsgeschäfte von Privatpersonen geschaffen werden, sondern es mufs seinen Ursprung in allen Fällen in dem Recht des Staats oder einer ehemaligen Staatsgewalt haben. Demgemäfs ist es auch für das Bestehen eines Privatregals völlig gleichgültig, ob es von einzelnen Bergbautreibenden anerkannt wird oder nicht. Ist das Privatregal dem Staate gegenüber begründet, so sind ihm die Bergbautreibenden auch ohne ihren Willen unterworfen; ist es dagegen dem Staate gegenüber nicht begründet, so sind die einzelnen Bergbautreibenden aufser stande, ihm durch ihre Bewilligungen oder Anerkenntnisse eine rechtliche Existenz zu verleihen, denn sie würden dadurch in die Machtsphäre des Staates eingreifen.

Demgemäfs wird auch in dem Vertrage vom 23. Dezember 1851 von der G. von Giesche'schen Bergwerksgesellschaft das Regal des Besitzers der Herrschaft Myslowitz-Kattowitz nicht konstituiert, sondern es wird nur konstatiert, dafs dieses Regal durch das in revisorio bestätigte Appellationsgerichtserkenntnis vom 23. März 1849 den Besitzern der Herrschaft Myslowitz und des Rittergutes Kattowitz für das in diesem Urteil näher bezeichnete Gebiet zugesprochen worden ist. Dessen ungeachtet sind der Vertrag vom 23. Dezember 1851 und die auf Grund desselben erfolgte Eintragung im Grundbuch keineswegs bedeutungslos und ohne Rechtswirkung.

Der Vertrag vom 23. Dezember 1851 hat den Charakter eines Vergleichs; er enthält gegenseitige Verzichte.

Einerseits verzichteten die Besitzer des Regals darauf, auf Grund ihres Rechts die Vindikation des vom Staate (also einem Unberechtigten) verliehenen Grubeneigentums anzustellen und „gewährleisten" durch diesen Verzicht dieses Grubeneigentum. Ferner verzichteten die Besitzer des Bergregals auf die Hälfte des Bergzehnten in Erwägung, dafs auch der Bergfiskus durch das Gesetz vom 12. Mai 1851 den Bergzehnten auf den Zwanzigsten ermäfsigt hatte.

Andererseits verzichtet die G. v. Gieschesche Bergwerksgesellschaft auf die negatorische Klage und Einrede gegen die Geltendmachung des Privatregals. Indem sie im § 1 Abs. 3 des Vertrages das Privatbergregal in dem im Erkenntnis ausgesprochenen Umfange „hiermit anerkennt“ erklärt sie, dafs ihr keine Exemtion von dem Bergregal zustehe; und indem sie sich im § 2 zur Entrichtung des halben Bergzehnten verpflichtet, also anerkennt, dafs der Anspruch auf diese Bergabgabe in dem Regalrecht begründet und auch ihr gegenüber wirksam sei, verzichtet sie darauf, diesem Anspruch Einreden entgegenzustellen, wobei insbesondere hervorgehoben wird, dafs, wenn in Zukunft der Staat den Bergzehnten weiter ermäfsigen oder ganz wegfallen lassen sollte, auch aus dieser Thatsache keine Einrede hergeleitet werden solle.

Durch den Vertrag vom 23. Dezember 1851 wird also nicht das Bergregal oder das in ihm enthaltene Recht auf den Bergzehnten (Bergzwanzigsten) begründet und ein selbständiger Rechtstitel für dasselbe geschaffen, was in der That rechtlich unmöglich wäre; aber es wird die Ausübung des Bergregals mit den im Vertrage festgesetzten Beschränkungen dadurch gesichert, dafs die G. von Gieschesche Bergwerksgesellschaft auf Einreden, welche ihr dem Regalberechtigten gegenüber etwa zustehen könnten verzichtet hat. Die Vorschrift des Allgemeinen Landrechts I, 5 § 193, dafs eine im Kontrakte nur in allgemeinen Ausdrücken geschehene Entsagung der Einwendungen keine rechtliche Wirkung habe, ist auf diesen Fall nicht anwendbar. Denn es handelt sich hier nicht um Einreden gegen die Gültigkeit des Vertrages vom 23. Dezember 1851, auf welche überhaupt nicht verzichtet worden ist, sondern um die, den Gegenstand des Vertrages selbst bildende Entsagung auf etwaige Einreden gegen die Ausübung des Regalrechts. Der Vertrag fällt unter die Vorschrift des § 409 des Allgemeinen Landrechts I, 16: „Auch die Art der Erfüllung eines rechtskräftigen

Urteils können die Parteien durch Vergleich näher bestimmen." Vgl. auch § 382 eod.

Aus der richtigen Würdigung des Vertrages vom 23. Dezember 1851 ergiebt sich auch, dafs die Anerkennung des Regals und des in ihm enthaltenen Zehntrechts nicht wegen Irrtums angefochten werden kann. Die Anerkennung seitens der G. von Gieseheschen Gewerkschaft ist erfolgt, weil durch rechtskräftige Urteile das Bergregal des Besitzers der Herrschaft Myslowitz festgestellt worden ist. Nur diese Thatsache ist der Grund der Anerkennung und der Zehntzahlungen; eine Rückforderung des Gezahlten oder eine Anfechtung der Anerkennung wegen Irrtums könnte nur darauf gestützt werden, dafs die von Giesche'sche Gewerkschaft irrtümlich angenommen habe, dafs das in Rede stehende Bergregal rechtskräftig festgestellt worden sei, während in Wahrheit solche Urteile gar nicht ergangen sind, oder einen andern Inhalt hatten. Dagegen kann die Anfechtung oder Rückforderung des Gezahlten nicht darauf gestützt werden, dafs das Urteil auf unrichtigen Voraussetzungen, z. B. einer falschen Auslegung von Urkunden oder einem Irrtum über die Echtheit einer Urkunde, beruht. Denn das wäre kein Irrtum der von Giesche'schen Gewerkschaft, sondern ein Irrtum des Richters. Sobald das Urteil die Rechtskraft erlangt hat, wird der Irrtum des Richters belanglos. Ein Irrtum über die materielle Richtigkeit eines rechtskräftigen Urteils ist unerheblich. Ansprüche daraus herzuleiten, dafs das rechtskräftige Urteil, dem man Folge geleistet hat, auf einem Irrtum des Richters beruhe, steht mit der Rechtswirkung der Rechtskraft im Widerspruch. (Vergl. das Urteil des Reichsgerichts vom 12. Dezember 1879, Entscheid. Bd. I. S. 95. 96.)

Nur wenn ein Urteil, auf Grund dessen jemand eine Zahlung geleistet hat, in der Folge für ungültig erklärt worden ist, ist nach § 182 des Allgemeinen Landrechts I, 16 anzunehmen, dafs die Zahlung aus Irrtum erfolgt sei. Ein

Urteil wird aber dadurch nicht „für ungültig erklärt“, dafs es als unrichtig erwiesen wird, oder dafs in einem anderen Rechtsstreit ein anderer Richter anders entscheidet, sondern nur dadurch, dafs es formell aufgehoben oder vernichtet wird. Dies ist aber hinsichtlich eines rechtskräftigen Urteils, gegen welches es gar kein Rechtsmittel, auch keine Nichtigkeits- und Restitutionsklage mehr giebt, nicht möglich. Da das Urteil, durch welches das Privatregal dem Staat gegenüber als rechtlich begründet anerkannt ist, von Seiten des Staates nicht angefochten werden kann, so ist es überhaupt unanfechtbar. (Vergl. Einl. § 66 zur Preufs. Allg. Ger.-Ordn., unter deren Herrschaft die gegen den Preufs. Fiskus erstrittenen Urteile ergangen sind.)

Hieraus ergiebt sich folgendes Resultat:

Wenn die v. Gieschesche Gewerkschaft das Bestehen des Bergregals in dem Gebiete, auf welches sich das Urteil von 1849 und der Vertrag vom 23. Dezember 1851 beziehen, überhaupt bestreitet, so steht ihr — wie oben ausgeführt worden ist — die Berufung auf das dem Fiskus gegenüber ergangene rechtskräftige Erkenntnis entgeg en(exceptio rei iudicatae).

Wenn die v. Gieschesche Gewerkschaft aber behauptet, dafs die Geltendmachung des Privatbergregals, beziehentlich des Bergzehntrechts, aus besonderen Gründen ihr gegenüber ausgeschlossen sei, so steht ihr die Berufung auf den Vertrag vom 23. Dezember 1851 entgegen (exceptio pacti conventi).

Durch die notarielle Erklärung vom 13. September 1883 ist die Thatsache, dafs das Bergwerk kons. Giesche dem Privat bergregalrecht von Myslowitz-Kattowitz unterworfen ist, und die Verpflichtung der Bergwerkseigentümerin zur Entrichtung der Regalabgaben nochmals ausdrücklich ausgesprochen worden.

Hinsichtlich der im Gebiete des Rittergutes Zalenze gelegenen Bergwerke kons. Cleophas, Zur Gottes Gnade und Christnacht, für welche das Bergregal dem Besitzer der Herrschaft Myslowitz durch das Erkenntnis des Obertribunals vom 9. September 1861 rechtskräftig zugesprochen worden ist, liegt der Thatbestaud insofern anders, als ein Vertrag, analog demjenigen vom 23. Dezeember 1851 mit der von Gieschesehen Gewerkschaft nicht abgeschlossen worden ist; ebensowenig ist von dieser Gewerkschaft bezüglich der erwähnten Gruben eine Erklärung analog derjenigen vom 13. September 1883 abgegeben worden.

Der Generalbevollmächtigte der Gutsherrschaft Myslowitz-Kattowitz hat aber am 6. März 1862 in einem Erlafs an die Bergwerksdirektion zu Kattowitz konstatiert, dafs der Besitzerin der erwähnten Gutsherrschaft durch das Erkenntnis vom 9. September 1861 „das Recht erwachsen ist, von den ihrem Regalrecht unterworfenen Gruben die unverkürzte Leistung des Zehnten zu fordern“; gleichzeitig hat er erklärt, „dafs die Frau Regalberechtigte aus freiem Antrieb und ohne hierfür eine Pflicht anzuerkennen, sich bewogen gefunden habe, von dem Gebrauch ihres Rechts für jetzt abzusehen und statt des Zehnten den Zwanzigsten erheben zu lassen“. In demselben Erlafs ist ferner erklärt, dafs die Regalberechtigte die vom Königlichen Fiskus erfolgte Beleihung dieser Werke ratihabieren wolle, unter der Bedingung, dafs die volle Zahlung des Bergzwanzigsten in Zukunft von den Werken geleistet werde, ohne Rücksicht auf die Änderungen, welche hinsichtlich der an den Staat zu entrichtenden Bergwerksabgaben eintreten mögen.

Dieser Erlafs ist dem Repräsentanten der kons. Cleophas-Grube von der herrschaftlichen Bergwerksdirektion am 16. März 1862 mitgeteilt worden. Ein Widerspruch gegen den Inhalt des Erlasses ist weder Seitens der damaligen Besitzerin noch seitens der v. Giescheschen Gewerkschaft jemals erhoben worden; vielmehr hat diese Gewerkschaft als Eigentümerin von kons. Cleophas, Christnacht und Zur Gottes Gnade bis zum 1. April 1895, ebenso wie die Vorbesitzer, die dem Regalinhaber zustehende Bergwerksabgabe, bei deren

Fälligwerden in Höhe des Zwanzigsten stets ohne jeglichen Einwand gezahlt.

Auch ist zufolge Verfügungen vom 10. Januar und vom 7. Februar 1872 im Grundbuch der Steinkohlengruben kons. Cleophas, Christnacht und Zur Gottes Gnade in Abteilung II eingetragen worden, dafs diese Gruben, bezw. ihre im Myslowitz-Kattowitzer Regalitätsbezirk belegenen Teile „nach Mafsgabe des Regulativs vom 17. November 1857“ dem Bergregal des Besitzers der Herrschaft Myslowitz und des Rittergutes Kattowitz unterworfen sind. In dem hier in Bezug genommenen Regulativ vom 17. November 1857 ist das Recht des Regalbesitzers auf den Zehnten wiederholt und ausdrücklich anerkannt worden. Dafs sowohl die damaligen Eigentümer der erwähnten Steinkohlengruben von den Eintragungen in das Grundbuch benachrichtigt worden sind, wie auch die von Giesche'sche Gesellschaft bei der Erwerbung der Gruben von den Eintragungen Kenntnis gehabt hat, ist selbstverständlich und dürfte aus den Grundakten ohne Schwierigkeiten festzustellen sein. Es kann dahingestellt bleiben, ob diese Eintragungen mit ausdrücklicher Einwilligung der Eigentümer der Gruben erfolgt sind, da eine solche nicht erforderlich war, vielmehr diese Eintragung vor dem 1. Oktober 1872 auf das behördliche Ersuchen ohne Anhörung der Eigentümer geschehen konnten; jedenfalls haben die Bergwerkseigentümer einen Widerspruch gegen diese Grundbucheintragungen nicht erhoben und es hat die Bergwerksgesellschaft Georg von Giesches Erben, welche zweifellos bei dem Erwerb der Gruben alle darauf haftenden Lasten und Abgaben übernommen hat, dadurch die Thatsache anerkannt, dafs die Gruben dem grundbücherlich eingetragenen Myslowitz-Kattowitzer Bergregalitätsrecht unterworfen und von demselben die Regalbergwerksabgaben zu entrichten sind.

Durch diesen Thatbestand ist ganz derselbe rechtliche Zustand hergestellt worden wie durch den Vertrag vom

23. Dezember 1851 und die Erklärung vom 13. September 1883 hinsichtlich der kons. Giesche-Steinkohlengrube.

Zur Begründung des Bergregals und des aus ihm fliefsenden Rechts auf den Bergzehnten bedurfte es — wie oben S. 56 fgde. und S. 58 ausgeführt wurde — keiner Anerkennung seitens der einzelnen Bergwerkseigentümer; sie konnten weder durch ihre Privatdisposition das Regal schaffen, noch den Rechtsfolgen des gegen den Fiskus ergangenen rechtskräftigen Erkenntnisses sich eigenmächtig entziehen. Der Regalberechtigte verzichtete aber durch den erwähnten Erlafs unter Aufrechterhaltung seines Rechtes für unbestimmte Zeit auf die Erhebung des halben Bergzehnten und unter der Bedingung der vollen Zahlung des Zwanzigsten auf die Anfechtung der vom Fiskus erteilten Grubenverleihungen. Andererseits erklärten sich die Eigentümer der erwähnten Gruben mit dem hierdurch geschaffenen Rechtszustande einverstanden, indem sie den Erlafs vom 5. März 1862 annahmen, ohne gegen den Inhalt desselben Verwahrung einzulegen; indem sie ferner vorbehaltlos bis zum 1. April 1895 den Zwanzigsten entrichteten; indem sie endlich gegen die im Jan. und Febr. 1872 erfolgten Einträge, welche ihnen von der Grundbuchbehörde amtlich mitgeteilt worden sind und von denen die gegenwärtige Eigentümerin beim Ankauf und bei der Auflassung Kenntnis erlangt hat, keinen Widerspruch erhoben. Aus diesem Verhalten der Eigentümerin der Steinkohlengruben ergiebt sich in konkludenter Weise, dafs sie gegen das Bergregal und den aus ihm hergeleiteten Zehntanspruch keine auf besonderen Gründen beruhende Einwendungen erhob, keine Exemtion davon beanspruchte, die Rechtswirksamkeit vielmehr auch gegen sich anerkannte. Eines förmlichen Vertrages bedurfte es hierzu nicht; denn nach § 382 des Allgemeinen Landrechts I, 16 kann die Entsagung der Einwendungen gegen eine an sich gültige Forderung auch stillschweigend geschehen, und Handlungen, aus denen die Absicht des Handelnden mit

Zuverlässigkeit geschlossen werden kann, werden für stillschweigende Willensäufserungen angesehen, welche mit ausdrücklichen gleiche Kraft haben. §§ 58, 59 Allgem. Landr. I, 4. Solche Handlungen sind die vorbehaltlose Zahlung des Bergzwanzigsten sowie die widerspruchlose Duldung der erwähnten Grundbuchseinträge und der fortdauernden Ausübung der Bergpolizei durch die Myslowitz-Kattowitzer Bergbehörde. Durch den Erlafs des Generalbevollmächtigten der Regalbesitzerin einerseits und das dargelegte Verhalten der Eigentümerin der drei Steinkohlengruben andererseits ergiebt sich in konkludenter Weise ganz dieselbe Willenseinigung, wie sie hinsichtlich der kons. Giesche-Grube durch den Vertrag vom 23. Dezember 1851 zum förmlichen Ausdruck gebracht worden ist; auf diese Willenseinigung kann daher auch ebenso wie auf den Vertrag v. 23. Dez. 1852 die exceptio pacti gestützt werden.

Das Privatregalrecht des Besitzers der Herrschaft Myslowitz und des Rittergutes Kattowitz ist mithin gegen Angriffe der Grubeneigentümer gesichert, mögen diese Angriffe auf dem Bestreiten der Regalberechtigung selbst oder auf der Behauptung einer Befreiung von dem Regal und dem Bergzehnten beruhen.

Es bedarf daher auch die Frage keiner Erörteruug, ob etwa der Besitzer der Herrschaft Myslowitz und des Rittergutes Kattowitz gegenüber den Grubeneigentümern das Bergzehntrecht als ein von der Regalberechtigung unabhängiges, formell für sich bestehendes Recht durch Verjährung (Ersitzung) erworben habe. Denn aus dem vom Staat anerkannten, durch rechtskräftige Urteile festgestellten Privatregal folgt ohne Weiteres von Rechtswegen das Zehntrecht an den im Regalbezirke betriebenen Bergwerken nach §§ 98, 107 des Allgemeinen Landrechts II, 16; es braucht also nicht erst durch Ersitzung oder einen anderen Rechtstitel noch besonders erworben zu werden.

Strafsburg im Elsafs, im April 1897.